Eduardo de Guzmán
César Falcón
Hildegart

Género y sexualidad en 3 novelas proletarias de la Segunda República Española

El confidente
¿Dónde está Dios?
¿Quo Vadis, burguesía?

edición de
Kyra A. Kietrys

 - STOCKCERO -

Published by Stockcero, Inc.
3785 N.W. 82nd Avenue
Doral, FL 33166
USA
stockcero@stockcero.com

www.stockcero.com

Eduardo de Guzmán
César Falcón
Hildegart

Género y sexualidad en 3 novelas proletarias
de la
Segunda República Española

El confidente
¿Dónde está Dios?
¿Quo Vadis, burguesía?

Por mi madre, abuela †, madrina,
suegra, hermanas y amigas

Para los amores de mi vida,
mi marido y nuestros hijos

Agradecimientos

Este proyecto no habría sido posible sin el apoyo de Davidson College (Carolina del Norte, EE.UU.) mediante las becas de investigación de verano y la de sabático. En particular, me gustaría agradecer a la familia Boswell por su inmensurable generosidad al crear la Boswell Family Faculty Fellowship. Asimismo, agradezco la ayuda y buen humor de los bibliotecarios y archivistas a ambos lados del «charco»: los de la Biblioteca Nacional de España, de la hemeroteca municipal de Madrid, del Archivo General de la Administración en Alcalá de Henares, y de la E.H. Little Library de Davidson College, con un reconocimiento especial para el bibliotecario Joe Gutekanst. La ayuda infatigable que me brindó Cheryl Branz con los materiales y la comprensión sabia de las madres trabajadoras también fueron fundamentales para el desarrollo del proyecto.

A mis estudiantes les ofrezco mi más sincero agradecimiento por su interés, preguntas y curiosidad intelectual, que siempre me animan a seguir con la labor de la investigación. Kate Ramella, Katie Kalivoda, Shantay Mobley y Anna Maria Johnson merecen una mención especial por su ayuda, que ha tomado múltiples formas, como la búsqueda de materiales, las horas compartidas en los archivos, el compañerismo intelectual de las conversaciones, el trabajo con las transcripciones y la ayuda con la creación del Archivo Hildegart. La amistad de Kate Ramella y su energía, ánimo y creatividad ha sostenido el pulso vital de mi trabajo sobre

Hildegart. El diálogo y la correspondencia con las profesoras doctoras Rosa Cal, Micaela Pattison, Mary Vásquez, Montserrat Linares y Esther Alarcón Arana también han sido de un valor incalculable para este proyecto y otros. Quiero expresar mi más sentido agradecimiento a esas estimadas colegas por su generosidad y amistad.

Por último, les doy las gracias de todo corazón a mi marido y a nuestros hijos por su apoyo, paciencia y comprensión constante e infalible. Su luz me ilumina el camino, y me ayuda a mantener el norte.

Índice

Las novelas proletarias

Introducción y notas

Contexto actual

Este volumen presenta una selección de tres de las 22 (o 26 según se interprete el cierre de la serie) novelas proletarias publicadas en España entre 1932 y 1933.[1] Forma parte del proyecto de recuperación de la memoria histórica que ha estado oficialmente en marcha en España desde la aprobación de la Ley de la memoria histórica en 2007, cuyo propósito era dar voz a las personas que habían sido silenciadas durante décadas por la dictadura de Franco y por el pacto de silencio que la siguió. Una vez consolidada la democracia en el siglo XXI y ante la desaparición inminente de la generación que había vivido la guerra, muchos familiares de las víctimas quisieron reivindicar a sus parientes y darles la voz que les había sido negada durante la dictadura de Franco y la transición a la democracia. A pesar de que muchos investigadores han pasado décadas rescatando voces del olvido (por ejemplo, Shirley Mangini, Mary Nash y Geraldine Scanlon, entre otros), el siglo XXI ha abierto paso a la recuperación de la memoria a nivel popular. Esta edición pretende contribuir a la recuperación de la memoria para que los alumnos y aquellos interesados en los Estudios Hispánicos tengan más recursos y una visión más amplia de

---

[1] Las últimas cuatro publicaciones de la serie de la Novela proletaria también pertenecen a la serie Tesoro de Literatura Revolucionaria, que eran obras escritas por extranjeros desconocidas en España (nota de la casa editorial Libertad en la solapa interior de la Novela Proletaria Números 25 y 26).

la Segunda República española. Además, planteo un estudio de los mensajes que transmiten las obras sobre la sexualidad y los papeles de género durante la Segunda República para llegar a una comprensión más profunda de la historia de las cuestiones de género.

CONTEXTO HISTÓRICO

La Segunda República Española (1931-1936) fue de breve duración, siendo precedida y seguida por dictaduras.[2] Por definición, estuvo formada por un gobierno democrático que terminó con la Monarquía; el Rey Alfonso XIII se había exiliado a Francia pocos días antes de la proclamación.[3] El país era a ahora dirigido por un presidente y las cortes, políticos elegidos por los votantes. Pero desde la proclamación de la República el 14 de abril de 1931 hasta el golpe de estado encabezado por el General Francisco Franco el 19 de julio de 1936, hubo trece cambios de jefe de gobierno. La falta de estabilidad explica, en parte, cómo la sublevación militar no pudo ser neutralizada y acabó en guerra civil.

A pesar de la falta de una estabilidad política, el gobierno logró legislar muchos cambios. Las grandes reformas incluyeron el sufragio femenino, la separación de la Iglesia y del Estado, reformas de educación, reformas agrarias que redistribuían la tierra de los caciques entre el pueblo, re-

---

[2] Los historiadores sitúan el fin de la Segunda República o bien al comienzo de la Guerra Civil en 1936, o bien al final de ella en 1939.

[3] La historiadora Helen Graham observa que al principio de los años treinta, mientras otros países como Italia y Alemania experimentaban un auge de políticas derechistas y fascistas, España estaba entrando en un periodo democrático (100). Aclaramos para nuestros lectores que «republicano» en el contexto español no es lo mismo que «republicano» en el sentido norteamericano, sino que significa «partidario de una república (o sea democracia frente a un estado monárquico o régimen dictatorial).

formas laborales y derechos para la clase trabajadora. Se aprobaron leyes que le otorgaron a la mujer el derecho al divorcio y la ciudanía (es decir, la igualdad ante la ley, la potestad sobre los hijos o la de abrir una cuenta bancaria, el derecho de sacar un pasaporte, o comparecer ante el tribunal). El comienzo del siglo XX fue un momento en el que los estudios científicos empezaron a ejercer influencia sobre la sociedad; el estado laico cuestionó el papel de la Iglesia con respecto a la cuestión de la mujer y también la sexualidad. Hubo grandes campañas de higiene (es decir, salud pública) y educación sexual, incluyendo el control de natalidad y la eugenesia.[4] Sin embargo, en el caso de la República, los cambios en las actitudes morales y las costumbres iban a la zaga de los avances legales (Scanlon 261, Aresti, 2012 pár. 20). Persistían los estigmas sociales respecto a lo que se consideraba un comportamiento apropiado para la mujer. Por ejemplo, el tema del control de la natalidad no se consideraba un tema decoroso durante una visita médica (Nash 1988, 26). A esto se suma el hecho de que el propio discurso científico sirvió para seguir legitimando el papel fundamentalmente materno de la mujer. Solo que ahora una justificación médica reemplazaba el anterior discurso religioso (Nash 1995, 82). Dicho de otro modo, el paso de la religión a la ciencia no se tradujo en grandes cambios reales para la mujer corriente. De hecho, las pocas mujeres que formaban la élite intelectual y política eran vistas como aberrantes ya que la mayoría de los médicos seguía rechazando el feminismo de la igualdad sosteniendo que «masculinizaba» a la mujer (Aresti 2001, 236). Además, hay que recordar que los hombres eran principalmente los que

---

[4] La eugenesia se define como el «estudio y aplicación de las leyes biológicas de la herencia orientados al perfeccionamiento de la especie humana» (Diccionario de la Real Academia Española). Véase el apartado sobre Hildegart de este estudio para la contextualización de la eugenesia durante los años 30 en España.

ejercían el poder y eran los que más tenían para perder. La historiadora de género Nerea Aresti afirma que la República puso a prueba los límites del liberalismo ya que los principios democráticos que propulsaban los derechos de la mujer, a su vez, socavaban los privilegios masculinos (2012, pár. 19).

Reparemos un momento aquí para hablar de la construcción de género durante la primera mitad del siglo XX. Explica Aresti en su libro *Médicos, donjuanes y mujeres modernas* que, según el endocrinólogo Gregorio Marañón, existía la necesidad de «redefinir los ideales masculino y femenino» (118). El principio vertebrador era la total diferenciación entre hombres y mujeres (119). A la vez que el endocrinólogo defendía la igualdad para la mujer, su teoría científica de la diferencia biológica entre ambos sexos tenía implicaciones sobre el papel de la mujer en la sociedad. La historiadora Mary Nash afirma que, al establecer esta diferencia biológica, se enuncia una diferencia laboral: la mujer está hecha para ser madre y el hombre para trabajar (2000, 34). Es decir, la mujer sigue anclada en el espacio doméstico y el hombre sigue manteniendo su posición en el público, pero ya no debido a la doctrina católica, sino a la doctrina científica. Esta diferenciación queda muy patente en la vida de los personajes femeninos de *¿Dónde está Dios?* y *¿Quo Vadis, burguesía?* donde veremos que la mujer no sólo es relegada al espacio de la casa, sino que está doblemente sujeta al control que el marido ejerce sobre su vida reproductiva.

Para terminar, claro está, esta breve presentación no hace justicia de lo complejo que fue la Segunda República ni en lo político ni en lo social. Al final de la introducción se incluye una bibliografía con algunas obras clave para que los lectores puedan hacer un estudio más matizado sobre la materia básica que se presenta aquí como modo de introducción.

La novela proletaria: definición e historia

La serie titulada *La novela proletaria* fue una publicación de Ediciones Libertad (Madrid) que ostentaba fines propagandísticos más que preocupaciones literarias (Sastre 13). Los autores eran todos escritores y periodistas activistas desilusionados con el gobierno socialista de la Segunda República, representantes de los diferentes sectores de los republicanos radicales (Santonja 2000, 203). Militaban en grupos anarcosindicalistas, la Comisión Ejecutiva de la Alianza de Izquierdas, y la Izquierda Revolucionaria y Antiimperialista (Santonja 1979, 14-15). Se valían de la novela proletaria para hacer llegar a las masas su mensaje de descontento con el gobierno republicano-socialista en el poder (Santonja 1987, 23). En ese sentido, la novela proletaria acaba poniendo de manifiesto la fracturación de la izquierda que contribuyó a la incapacidad del gobierno de suprimir la sublevación de la derecha.

Las novelas salían cada 8 o 15 días entre abril de 1932 y principios de 1933, es decir, durante el segundo año de la Republica, con frecuencia y de manera bastante regular. Tenían la forma de breves novelas de bolsillo –de unas 30-33 páginas– que se vendían en los quioscos a 25 céntimos (o un ¼ de una peseta) con el propósito de ser accesibles a la clase trabajadora tanto económica como intelectualmente.[5]

---

[5]   Un quiosco es una «construcción pequeña que se instala en la calle u otro lugar público para vender en ella periódicos, flores, etc.» (Diccionario de la Real Academia Española) y una parte íntegra de la vida cotidiana en España tanto durante la República como en la actualidad.

La peseta fue la moneda de España desde 1868 hasta 2002 cuando fue definitivamente sustituida por el euro (Feria 73 y 115). La peseta, a su vez, se dividía en 100 céntimos y estos dejaron de circular en 1983 por su falta de valor (https://www.boe.es/eli/es/rd/1983/04/20/1808).

Como punto de contraste, la novela media de la época se vendía a unas 5 pesetas. El hojear varios ejemplares de *Eco, Revista de España* de entre 1933 y 1935 accedidos en la Hemeroteca Digital de la Biblioteca Nacional de España-BNE apunta a la cifra de cinco pesetas.[6] Además, habría que notar que las novelas y otros libros se vendían en las librerías, que eran vistas como algo más elitista y minoritario. En su introducción al estudio que hace el crítico literario Gonzalo Santonja sobre las novelas de quiosco, el dramaturgo Alfonso Sastre (n. 1926) recuerda este momento de la cultura española como una época en la que existía el fenómeno de publicar novelas cuya venta se hacía exclusivamente en los quioscos e iban dirigidas a un público popular (Santonja 1979, 11). Ahora bien, *La novela proletaria* no es la primera novela de quiosco –tenía antecedentes en *La Novela Semanal*, *La Novela Corta* y *La Novela de Hoy* de la primera década del siglo XX (Fernández Gutiérrez, 16). Es decir, el público ya estaba acostumbrado a encontrar novelas en los quioscos, y de hecho, estas se publicaban en tiradas más grandes que las novelas tradicionales. *La novela proletaria* se publicaba en tiradas de 30.000 ejemplares y casi siempre se agotaban (Santonja 1979, 17; también la solapa interior de la Novela Proletaria número 23-nota de Ediciones Libertad) mientras que las novelas de las librerías se publicaban en tiradas de 10.000 (Zamostny, 40). Otro punto de comparación sería el de las tiradas del diario *El socialista* que publicaron en torno a los 33.000 ejemplares entre 1931 y 1932 (Esteban 138). Aun así, hoy apenas existen ejemplares físicos de estas novelas. Esta pérdida puede explicarse, en el caso de las novelas proletarias, por la incompatibilidad del contenido político tanto durante la República como bajo el posterior régimen de Franco, así como por la naturaleza de-

---

[6] *Eco* era una revista dedicada la exposición y comentario de los últimos libros publicados en España y el extranjero (*Eco*, 1).

sechable de las publicaciones. Ni siquiera la Biblioteca Nacional de España conserva la colección completa de la serie; pero ha digitalizado diez de las 21 que tiene. La Biblioteca Regional de Madrid, sin embargo, goza de la colección completa. Existe desde 1979 una antología de las 26 obras editada por Santonja que ofrece una útil introducción pero, desgraciadamente, elimina los retratos de los autores, algo que se conserva en la presente edición. Este volumen tiene el propósito de hacer que una selección de las novelas proletarias sea más accesible a los estudiantes y aficionados de la cultura española mediante la incorporación de anotaciones que explican algunos de los conceptos culturales e históricos menos conocidos.

En la prensa al principio del siglo XX, se hablaba del género de la novela proletaria. Había periodistas que la rechazaban como género, «no hay tal cosa —la novela es novela, no puede ser ni proletaria ni burguesa simplemente por exponer una cierta clase social» (*El Sol*, 29 julio 1921, p.2) mientras otros elogiaban su tendencia política, por ejemplo, «'La Novela Proletaria', políticamente es un elemento de agitación y propaganda. Agita a las masas laboriosas para enfrentarlas contra el fascio, que en esta etapa es el capitalismo imperialista, que durante siglos las ha amordazado, sumiéndolas en la esclavitud, manteniéndolas en la ignorancia, para mejor explotarlas, encerrándolas en las cárceles si protestaban...» (Masferrer y Canto en *El Sol*, 2 nov 1936).[7] Otros que afirmaban que la novela proletaria solo se podía clasificar como novela si estaba bien escrita, y por eso muchas de ellas no eran consideradas como novelas (*La Luz*, 7 junio 1936). Otras reseñas alababan la calidad literaria de determinados números («Ánimas benditas», *La*

---

[7] Aunque la palabra «fascio» no figura en el DRAE, parece ser el sinónimo de «fascista» y se usó con mayor frecuencia que «fascista» entre 1925 y 1939 (Google n-gram https://tinyurl.com/ycxrwvjn).

Tierra, 26 mayo 1932, p3); el investigador Alberto Sánchez Alvarez-Insúa señala que la colección incluye algunas figuras sobresalientes, entre ellos Guzmán e Hildegart (46). Un juicio de su valor literario no es lo que nos preocupa en este volumen, sino su valor como testimonio de una época no solo en lo político, sino más concretamente con respecto a los papeles de género y como muestras de cómo se concebían la masculinidad, la homosexualidad, y el papel de la mujer.

LA SELECCIÓN DE OBRAS PARA ESTA ANTOLOGÍA

Las tres obras presentadas aquí son: *El confidente* de Eduardo de Guzmán (1908-1991), *¿Dónde está Dios?* de César Falcón (1892-1970), y *¿Quo Vadis, burguesía?* de Hildegart (1914-1933). Estas tres obras no sólo son representativas de las ideas de los izquierdistas que tiraban hacia radicales y defendían los derechos de la clase trabajadora, sino que también ilustran tres perspectivas diferentes sobre la concepción de género y sexualidad de la época. La novela de Guzmán ofrece nociones tradicionalmente masculinas de amistad y lealtad, mientras que la de Falcón revela la difícil situación de la mujer apolítica de la clase trabajadora y los efectos negativos del gobierno sobre los hombres trabajadores comprometidos a la causa proletaria. Por último, la novela de Hildegart presenta dos temas de gran relevancia para la época: la homosexualidad y la sexualidad de la mujer.

Eduardo de Guzmán

Eduardo de Guzmán (Palencia, 1908 – Madrid, 1991), autor de la novela proletaria *El confidente*, era un periodista importante del siglo XX y de tendencia anarcosindicalista. Trabajó en el periódico *La Libertad*, y fue el fundador y director de *Castilla Libre* (Álvarez Fernández 242). También fue redactor-jefe de *La Tierra*, un diario publicado en Madrid entre diciembre 1930 y junio 1935 de «espíritu anarquizante» que sirvió de portavoz para el Partido Social Revolucionario Ibérico (1932-1933), el partido Unión Republicana (1934), y también de la CNT (Hemeroteca Digital BNE, descripción *La Tierra*). Se decía que este periódico contribuyó «'de manera tan directa' a 'preparar el ambiente revolucionario propicio' a la proclamación de la II República española cuatro meses después» de su fundación (Gómez Aparicio (1981) citado en *La Tierra*, descripción). *La Tierra* se conserva hoy en la colección de la BNE gracias a un maletín guardado en el desván de Guzmán durante el Franquismo que luego fue donado a la biblioteca por su viuda, Carmen Bueno Uribe, hacia finales del siglo XX (Bueno Uribe 2006).

A pesar de su postura política, Eduardo de Guzmán se quedó en España durante la guerra civil y la consiguiente dictadura de Franco. Acabó como prisionero político condenado a muerte pero luego fue indultado. Sobrevivió la dictadura escribiendo novelas de quiosco (policíacas y del oeste) bajo varios pseudónimos, entre ellos Edward Goodman, Edward Thorny, Richard Jackson, Anthony Lancaster y Charles G. Brown (Álvarez Fernández 242). Fue, además, autor de *Aurora de sangre, Vida y muerte de Hildegart* (1972), versión novelizada de la vida de la autora incluida en la presente colección, que se publicó después de hacer una serie de tachaduras debido a sus «teorías político-sociales preconizadas» (Expediente 13607/72vf).[8] Después del fin de la dictadura, Guzmán volvió a emerger como una importante voz de la memoria con la publicación de su trilogía *Memorias de la Guerra*: *La muerte de la esperanza* (1973), *El año de la victoria* (1974), *Nosotros los asesinos: memorias de la guerra de España* (1976). En 1975, ganó el Premio Internacional de la Prensa por *El año de la victoria* (Alted et al. 560).

El confidente Y LA POLÍTICA DE LOS AÑOS 20 Y 30

El confidente (1932) es la única novela proletaria escrita por Guzmán. La obra trata de un grupo de cuatro obreros anarquistas que traman un levantamiento contra un político corrupto sin nombre para poner fin a la explotación del proletariado, y uno de ellos traiciona a los otros tres. Dentro de la acción, se dedica un capítulo a una breve explicación de la historia de las luchas de clase y de la historia política del primer tercio del siglo XX, recontando la dictadura de Primo de Rivera, la lucha por terminar con la monarquía, la declaración de la Segunda República, y la corrupción política que, según la perspectiva del narrador, continuaba con los socialistas que se olvidaban de sus promesas y se vendían a los ideales de la burguesía y del capitalismo. La presentación coincide con lo que, años más tarde, los historiadores dirían de los problemas de la República, «the anarchists regarded the bourgeois Republic as little different from the monarchy and were not disposed to listen to PSOE pleas for patience» (Preston 1994, 87). En fin, los propósitos propa-

---

[8]   Cuando la novela fue llevada a la gran pantalla por el premiado cineasta Fernando Fernán Gómez en 1977 con el título *Mi hija Hildegart*, ese año hubo una reedición de la novela con el mismo título de la película.

gandísticos y la crítica de la trayectoria de la Segunda República son claros. Tan interesante como el propósito político explícito de la novela, son los mensajes implícitos sobre las ideas de género. En este sentido, la novela refleja los ideales subyacentes que definían la sociedad.

Ya desde el retrato literario del autor que las novelas proletarias empleaban como modo de presentación, se aprecia una atención a la masculinidad y al cuerpo del hombre. El lector recibe no solo un retrato de las ideas del autor sino también de su apariencia física. De esto modo, se establece una conexión entre sus ideales y su virilidad. Las descripciones rememoran un pasado glorioso en el que se alzaban los ideales del hombre renacentista. Es decir, un hombre sensible, pero con «corazón macho»; un caballero valiente o «bravo paladín»; un noble luchador, un hombre que encarnaba «la nobleza del combatiente»; y, también, un «pensador» de ideas «puras» (37-38, esta edición). Un autor con estas características no podía menos que presentarles a sus lectores una verdad igual de noble que él, y en este sentido se percibe el manejo emocional propio de toda obra propagandística bien de la derecha, bien de la izquierda.

Pasaremos ahora a un análisis de la novela en sí con la advertencia que la sección que se encuentra a continuación contiene información anticipatoria de la historia. A lo mejor, nuestros lectores prefieren leer primero las palabras de Eduardo de Guzmán antes del análisis que ofrecemos aquí.

La estructura y tono de esta novela proletaria están a caballo entre la novela policíaca y la del oeste; en el estilo se advierten los toques literarios guzmanianos de los que luego el autor se servirá durante el franquismo para sobrevivir. Ya en los años treinta, ambas tradiciones novelescas estaban cobrando una destacada visibilidad entre las novelas populares (Martínez Hidalga 60). A diferencia de la novela rosa que atraía a un público femenino, estos dos géneros típicamente apelaban a los hombres debido a los valores inculcados por la cultura tradicional: el honor, la fraternidad, de sospechas y traición, y el castigo en nombre de la justicia. Esta novela proletaria viene a ser otro ejemplo de la cultura tradicional con respecto a la creación de género. Observamos que no hay ninguna mujer en la novela – ni en el espacio diegético ni en el extra-diegético. Se habla de políticos, policía, trabajadores y burgueses, todos en el masculino universal. Los protagonistas son los cuatro anarquistas –uno que acabará siendo traidor–, algunos camaradas, y los grupos de policías y guardias que luchan contra ellos. La primera escena tiene lugar en un bar mientras tres de los anarquistas esperan al compañero que falta. La ubicación no es accidental. Como señala la hispanista Victoria L. Ketz en su estudio sobre la violencia en películas españolas contemporáneas, según la ideología occidental, los atributos de valor, agresividad, fuerza física, desapego emocional y la disposición a tomar riesgos son las que se asocian con la masculinidad (141). En *El Confidente*, se aprecia inmediatamente el valor de la lealtad entre los hombres que forman la fraternidad de los anarquistas conspiradores: resisten pensar que el compañero que falta les ha traicionado, «Vendrá. Aún no es demasiado tarde. Ha podido ocurrirle cualquier cosa» (38). Pero, cuando entran los policías, ya no hay duda. Empieza un tiroteo característico de las novelas policiacas: se tumban mesas; vuelan balas; un hombre herido se cae sangrando, rodando al suelo, pero aún así sigue disparando con simultánea serenidad y urgencia; un policía cae muerto sin un solo grito, y los otros policías se retiran vencidos por los buenos anarquistas. Es decir, los renegados vencen a la clase dirigente demostrando solidaridad y sacrificio, todos blandiendo sus pistolas como símbolo fálico de su masculinidad. Pero, la pequeña victoria de los rebeldes tiene su precio: entre los anarquistas, hay dos heridos, uno tan gravemente que su estado complicaría la huida de sus camaradas; se sacrifica de manera heroica, y todavía es capaz de mandar desde su postura en el suelo. Ordena, «Marcharos vosotros... Yo seguiré aquí, disparando mientras me quedan fuerzas... » (39). Es decir, como un buen capitán, se mantiene fiel a su misión y protege a los suyos hasta la muerte. La despedida entre el herido y sus camaradas se describe sin verbos, así resaltando el estoicismo de la escena, «Un fuerte apretón de manos, con lágrimas en los ojos, sin palabras» (39). Hay contacto humano, pero limitado a un apretón de manos; hay emoción, pero medida; no hay poesía, sino un dramatismo justo. Los otros hombres son sensibles —es decir, no son monstruos—, pero también se muestran imperturbables. Limitan sus palabras a una promesa de vengarle matando a López, el traidor. El herido vitorea a modo de despedida, «¡Viva la anarquía!» demostrando su lealtad a la causa por encima de su propia vida, como un verdadero héroe (40).

Sus compañeros logran salvarse huyendo en un coche, obligando al conductor a punta de pistola a que los lleven donde puedan esconderse, en casas alejadas de amigos que protegen sus secretos. Después de una serie de idas y venidas, recuperaciones físicas, y un capítulo dedicado a unas reflexiones políticas, los anarquistas consiguen capturar a López. Lo llevan de noche a un remoto pinar en las montañas donde cada uno de ellos le dispara. Después de matarlo, huyen a la frontera para «seguir luchando desde el extranjero por la revolución libertadora» (47). De esto modo, sacrifican su propia libertad para impartir justicia de acuerdo con sus valores. En esta novela proletaria se defiende un mundo en el que la traición se castiga con la muerte, y el asesinato se justifica.

En resumidas cuentas, los protagonistas de esta novela encarnan no sólo el ideal político del anarquismo, sino también el ideal masculino como definido por Marañón y por la cultura del mundo occidental en general.[9] La novela incluye todo tipo de tópicos de los bandidos que luchan contra las autoridades en defensa de unos valores que ellos consideran nobles. El camino de la lucha incluye los principios de la lealtad y la honradez entre los camaradas. Entre los hombres hay una fuerte hermandad irrevocable y, como hemos comentado, la mujer no existe, ni como una damisela en peligro. El concepto del héroe renegado, fiel y macho define a los protagonistas. No se critica la relación entre los hombres ni la relación que estos mantienen contra las autoridades. Al contrario, se celebra mediante unos protagonistas hipermasculinos. Si, por un lado, las novelas proletarias pretendían criticar el sistema gubernamental por ser demasiado moderado y por caer en la corrupción que definía la política anterior, por otro lado, en lo social, acababan reafirmando un sistema patriarcal en el que continuaba primando la heterosexualidad masculina. Lo que es evidente en esta novela proletaria es que el hombre manda –bien sea el político corrupto del gobierno a quien se critica dentro de la novela, bien sea la voz que imparte la crítica. La ausencia total de la mujer en un momento que los autores mismos identifican como crucial para el bien de la sociedad indica firmemente el poco valor que tiene la mujer en la mente de estos hombres. La exclusión, accidental o no, de la mujer de esta lucha de poder atiende a unos valores muy tradicionales todavía vigentes en la sociedad progresista de la Segunda República. Además, en la serie de novelas proletarias, solo

---

[9]   Véase el estudio de Raewyn Connell sobre la masculinidad hegemónica y la crítica de ello que hace Demetrakis Demetriou.

una de las 26 fue escrita por una mujer: *¿Quo Vadis, burguesía?* de Hildegart, incluida en nuestra edición. Las mujeres ya podían votar, ejercer como diputadas, y hasta divorciarse, pero como señala Geraldine Scanlon, las leyes eran una cosa y la imagen social en la vida diaria era otra (Scanlon, 261, Nash, *Defying*, 48). Faltaban décadas para que la mujer empezara a ser considerada y presentada como igual.

César Falcón

César Falcón (Lima, Perú, 1892 – Lima, Perú, 1970) era un intelectual peruano de gran compromiso político que abandonó su país en 1919 a causa del golpe de estado de Augusto Leguía (O'Leary 618). Desde su juventud, defendió la causa proletaria en Perú y figuró entre los fundadores de dos revistas políticas y el Partido Socialista Peruano (Ibíd.). La historiadora Ascensión Martínez Riaza postula que llegó a España en 1919 (421), mientras que la hispanista Catherine O'Leary lo sitúa en España en 1922, después de unos años en Italia (618). En todo caso, en España fue muy activo durante la dictadura de Primo de Rivera, la Segunda República, y la Guerra Civil; acabó como militante en el Partido Comunista de España (PCE) debido a su descontento con los republicanos y socialistas (Martínez Riaza 421-422). Sus años en España llegaron a su fin en 1938, durante la guerra, cuando se vio obligado a exiliarse a Francia. Después de breves periodos en Francia, Perú, y Nueva York, vivió en México desde 1946-1970 y murió en Lima ese mismo año (Ibíd., 422).

Durante su estancia en España, y a lo largo de toda su vida, Falcón se dedicó al activismo político, al periodismo y al teatro proletario (O'Leary 618). Llegó a ser un periodista de gran prestigio por su trabajo con el diario *El Sol* (Martínez Riaza 432). En esa época, se enamoró de Irene Lewy Rodríguez, conocida hoy como Irene Falcón, casándose cuando ella cumplió los 16 años y dos años más tarde tuvieron su único hijo (Necrológicas, *El País*). En 1931 los Falcón crearon el partido radical la Izquierda Revolucionaria y Antiimperialista-IRYA (Martínez Riaza 442). En 1932, la pareja creó el grupo de teatro Nosotros (O'Leary 617). Era un teatro ambulante con el que los Falcón pretendían renovar el teatro técnica y políticamente y llevar la cultura al pueblo (O'Leary 623 y Martínez Riaza 443). En 1934 Irene marchó a Rusia trabajando como secretaria personal de la gran activista comunista Dolores Ibárruri, la Pasionaria (Ibíd.) Trabajando en el teatro, César Falcón conoció a la actriz Enriqueta (Ada) O'Neill, con quien tuvo una hija, Lidia Falcón, en 1935 (Martínez Riaza 443). Lidia Falcón se crió en el mundo del teatro y es hoy gran figura literaria, feminista, activista política y abogada (O'Leary 621). Entre sus numerosos trabajos, prologó la re-edición de una obra de Hildegart, *Paternidad voluntaria* (1985), donde da constancia de las anécdotas sobre Hildegart que se contaban en su casa cuando la prologuista era pequeña.

Advertimos que el análisis de la novela que se encuentra a continuación contiene detalles importantes sobre la historia.

¿Dónde está Dios? y la maternidad consciente

La novela proletaria de Falcón ofrece la situación de una familia como pretexto para criticar la política y la dirección del gobierno de la República. En *¿Dónde está Dios?*, además del descontento político que fue evidente en *El confidente*, se divulgan otras aflicciones de la clase trabajadora. Al tema del gobierno corrupto, se suman el paro y el hambre, y se desvelan adicionales preocupaciones candentes como la religión, la maternidad consciente y el aborto. En su conjunto, podemos percibir, desde la óptica del siglo XXI, la situación de la mujer durante la República cuando se había dado grandes pasos hacia la liberación de la mujer y, a la vez, quedaba mucho terreno por ganar. Incluso durante este momento en la historia de España, la mujer se quedó al margen de algunas de las conversaciones más importantes como la maternidad y la implementación de medidas para prevenir el embarazo. Se observa este hecho en la novela de Falcón donde, a diferencia de la novela de Guzmán, uno de los personajes principales es una mujer. Desde la primera línea sabemos que el marido se llama Juan Sánchez, pero no es hasta la mitad del cuento que se descubre que la esposa se llama Toribia.[10] A pesar de que el conflicto gira en torno a la pareja, podemos interpretar la elisión del nombre de la mujer como una metáfora para la anulación de su voluntad o agencia.

La novela narra la historia de una pareja casada de la clase trabajadora que queda embarazada con otro hijo. La noticia da pie al conflicto de la obra puesto que el marido está desempleado y la pareja no tiene dinero suficiente para alimentar a los cuatro hijos pequeños que ya tienen. Al descubrir el embarazo, la pareja se desespera. Su angustia es el pretexto para que el autor formule una larga conversación entre la pareja con un propósito didáctico para los lectores de la novela proletaria. Juan habla a su mujer sobre las injusticias del capitalismo, sobre Dios como un invento de los

---

[10]   Véase la nota 59 sobre este nombre.

ricos, sobre la corrupción del gobierno y los socialistas que traicionaron la causa obrera tras caer a la tentación de las comodidades proporcionadas por el capitalismo. A pesar de que Falcón incluye a una mujer en el diálogo, es el hombre el que informa y la mujer es quien responde que no sabe «nada de estas cosas,» ni le interesa saber (54). Se presenta, sin cuestionarla, una organización de la familia tradicional en el sentido de que el hombre es el que opera en la esfera pública; es el que tiene los contactos políticos y es quien pide favores entre los hombres en posiciones de poder. La mujer se ocupa del hogar —lava la ropa, prepara la comida y cuida de los niños— y, además, trabaja fuera de casa limpiando las casas de familias acomodadas. De esta manera, el mensaje a los lectores es que la economía y la política son temas que incumben exclusivamente a los hombres, incluso cuando la mujer contribuye a la economía familiar.

El embarazo no solo representa los problemas económicos de la clase obrera, sino también la situación de la mujer. En conversación con su marido, Toribia expresa el deseo de «arrancar» al bebé de su cuerpo (54). Por un lado, no tenemos por qué pensar que lo esté diciendo con intención literal ya que también había mencionado varias veces que quiere tirarse por la ventana (50 y 52). Más bien, sus comentarios parecen confirmar el estereotipo de la mujer como una persona de emociones exageradas. Por otro lado, el comentario sirve para sembrar la idea del aborto en la mente del lector. Aunque esta era una práctica clandestina en los años veinte y treinta, la historiadora de género en España Mary Nash afirma que, a nivel social, no se consideraba apropiado que una mujer abordara el tema del aborto ni siquiera con su marido (1988, 20).

En contraste con la moralidad individual y privada, el movimiento neomaltusiano amplió la conversación pública sobre el control de la natalidad (Nash, 1988, 25). En el ámbito anarquista de los años treinta, se acogieron las ideas de Thomas Malthus llegando a la conclusión de que la sobrepoblación afectaría de modo negativo la calidad de vida para la clase trabajadora y el control de la natalidad vino a ser una herramienta contra el capitalismo (Hermida Martín 121).[11] Se formulaban programas de educación sexual en torno a la maternidad consciente —es decir, el uso de medios para evitar el embarazo.[12] Sin embargo, entre la clase trabajadora —cuya formación sobre la educación sexual defendían los anarquistas—, no se había generalizado el uso de los anticonceptivos (Nash, 1988, 25). De ahí se explica cómo es que Toribia se queda embarazada por séptima vez (tiene cuatro niños, otros dos que murieron, y el embarazo que da pie a la obra). Nash ofrece una explicación multifacética para dilucidar la aparente contradicción entre las ideas anarquistas y su puesta en práctica. Cita, principalmente, el estigma social que resultaba en el hecho de que «ninguna mujer corriente, respetable ama de casa, tendría acceso fácil a ellos [los medios para evitar el embarazo]» (25). Explica que, además, la mujer tendría que acudir a un médico, lo cual representaba un coste monetario inasequible (26). Nash observa que el uso de anticonceptivos implicaba al hombre, bien para usar el profiláctico, bien para pagar la visita médica para conseguir el cono vaginal (Ibíd.). Además, hay que tener en cuenta que, debido a la situación educativa en España, había muy pocas mujeres que ejercían la medicina

---

[11] El neomaltusianismo se basa en las ideas del clérigo y economista inglés, Thomas Malthus (1766-1834), que proponía que la sobrepoblación entre los pobres era perjudicial para la sociedad.

[12] Hildegart era gran defensora de la maternidad consciente y la liberación sexual de la mujer como se puede deducir de los títulos de sus obras, como por ejemplo *La limitación de la prole: Un deber del proletariado consciente* (1930), *El problema sexual tratado por una mujer española* (1931) y «Maternidad consciente» (1934). Para Hildegart, el uso de medios para evitar el embarazo era una forma de evitar «el dolor del aborto» (Maternidad consciente, 237).

(21). Como consecuencia, de una manera u otra, la mujer dependía del hombre para evitar el embarazo. El aborto clandestino, en cambio, solía llevarse a cabo entre mujeres: las comadronas, que eran mujeres, cobraban menos que los médicos, había redes femeninas de solidaridad, y muchas veces el aborto se llevaba a cabo sin la implicación del marido (26). Sin embargo, en la novela de Falcón, éste no es el caso. Es Juan Sánchez, y no Toribia, quien le pide ayuda al tío Paco para tramitar un aborto. Lo que resalta aquí es que, incluso en la novela proletaria —un órgano popular de la propaganda anarquista— se considera natural que los hombres se encarguen del tema del aborto. Se alza como una contradicción respecto a la plataforma izquierdista sobre los derechos de la mujer. No sería hasta la creación de la federación anarquista Mujeres Libres en 1936 cuando las mujeres empezaran a hablar con más libertad sobre la maternidad consciente (Herminda Martín 127). Para 1939, cuando la dictadura franquista inhabilitó la organización, había 20.000 mujeres participantes (128). Pero la novela de Falcón se publica en 1932, con anterioridad a estos avances que, además, no estaban asegurados. *¿Dónde está Dios?* amenaza con el resultado espeluznante del infanticidio como respuesta a la desesperación económica. Dado el papel auxiliar que ha desempeñado Toribia a lo largo de la obra, no es de extrañar que su marido mate al bebé sin que ella se entere. Este fin, anuncia —a propósito o no— las consecuencias de excluir a la mujer de las conversaciones que más le corresponden. Aunque Toribia no es una madre ejemplar según la definición de la época —es decir, no es sumisa, paciente ni cariñosa— tampoco es un monstruo. Dado que había llorado tanto a los dos niños que se le murieron, es dudoso que hubiera matado adrede a este último hijo suyo. El hecho de que la novela termine sin que

Toribia sepa del infanticidio de su propio hijo es una muestra trágica e irrebatible de las consecuencias de la ausencia de la mujer en los foros públicos, a pesar de la triste realidad de que las mujeres también cometen este tipo de crimen.

Hildegart

La tercera obra de esta edición también fue escrita por una distinguida propagandista política de la izquierda, Hildegart Rodríguez Carballeira (Madrid, 1914 – Madrid, 1933). Conocida simplemente como Hildegart, fue una de las figuras más enigmáticas de la Segunda República durante casi todo el siglo XX (Ver Iglesias de Ussel y Santonja). Fue una joven prodigio activa en el mundo político desde 1926 hasta su muerte en 1933.

Hildegart empezó su incursión en la esfera pública a la asombrosa edad de los once años como oradora en las campañas sanitarias al lado de importantes figuras políticas y doctores (*El Heraldo de Madrid*, 22 marzo 1926). Se inscribió en el partido socialista a los catorce años (Cal, 69). La docena de artículos que escribió para el diario *El socialista,* los quince artículos que escribió para *Renovación*, publicación de la Federación de Juventudes Socialistas en España, y sus varios discursos tanto en La Casa del Pueblo en Madrid como en otras ciudades –todo durante 1931– son prueba de su actividad ferviente en el partido. Entre los temas que abordaba se incluyen los derechos de los trabajadores, el marxismo, el laicismo, el feminismo, el control de la natalidad y la eugenesia. Estos temas, juntos con la abolición de la prostitución y la educación sexual, son cuestiones que le importarán a lo largo de toda su corta vida. Hacia 1932 Hildegart empezó a sentirse desilusionada con la dirección del partido, criticándolo por aburguesarse –preocupación, como veremos, que también expone en su novela proletaria. En septiembre de 1932 Hildegart fue expulsada del Partido Socialista para luego inscribirse en el partido federal (Cal 89, 96). Al dejar de escribir para *El socialista*, empezó a publicar en el periódico anarquista, *La Tierra*, cuyo redactor-jefe fue Eduardo de Guzmán. Hildegart murió en 1933, antes de empezar la Guerra Civil, pero dejó escrito casi un centenar de artículos y más de una docena de libros, entre ellos *¿Quo Vadis, burguesía?,* objeto de este análisis.

Durante la posguerra, su historia fue presentada como un ejemplo del daño que podían producir las ideas de la izquierda en general y, específicamente, del peligro de la participación de la mujer en la política (Martín Gaite, 70). Luego, en los años 70, Hildegart volvió a aparecer en la cultura popular, pero no como activista política, sino como víctima de un parricidio inexplicable e inexplicado y todavía sin resolver.[13] En 1972 Eduardo de Guzmán publicó un libro de gran éxito, *Aurora de Sangre (Vida y muerte de Hildegart)* en el que ofrece una versión novelizada de la vida de Hildegart y su madre, Aurora (Anónimo, *El País*, 26 julio 1991). El autor basa la narración en el conocimiento personal que tenía de la madre e hija por haber colaborado ésta en *La Tierra* durante los mismos años que él (Guzmán 1972, contraportada). En 1977, Fernán Gómez dirigió la película *Mi hija Hildegart* basándose en la novela. La versión cinematográfica fue bien recibida en el Festival de Cine en San Sebastián Festival de 1977 y tuvo mucho éxito en taquilla (Keown 159). Se proyectó durante 4.064 días, es decir, más de once años (Caparrós Lera 167). En 1977 el libro se pu-

---

[13]   «Parricidio» en este contexto se refiere al hecho de que la madre mató a la hija (y no al revés como también admite la definición); ya que Hildegart tenía dieciocho años, «parricidio» fue la palabra empleada en la prensa de la época y no «infanticidio».

blicó nuevamente con el título de la película. Debido al éxito de estos productos culturales, Hildegart volvió a ser visible en la cultura popular durante los años 70 pero, como acabamos de señalar, la atención fue centrada en su madre, la enfermedad mental de ésta y en la biografía insólita de Hildegart. El trabajo que hizo la joven en el campo de la reforma sexual como periodista, escritora, y también secretaria fundadora de la rama española de la Liga Mundial para la Reforma Sexual fue eclipsado en la memoria colectiva por la que la autora y periodista Rosa Montero llama su «madre-araña» (2006).

A pesar de este eclipsamiento, o quizás como parte de ello, está el hecho de que en los años setenta y ochenta varias casas editoriales sacaron reediciones de las obras escritas por Hildegart. Por ejemplo, el año 1977 vio la reedición de *La rebeldía sexual de la juventud* (Barcelona: Editorial Anagrama), con un prólogo de Eduardo de Guzmán y *El problema sexual tratado por una mujer española* (Madrid: Ediciones Morata) con un prólogo de Luis Hernández Alfonso. Este prologuista también fue coetáneo de Hildegart aunque su postura ante la eugenesia fue la contraria, según indica su nieto Pablo Herrero Hernández (email 3 oct 2012). El año 1978 dio luz a una edición de *Medios para evitar el embarazo. Paternidad voluntaria* (1ª edición de Orto, 1931 con el título *Profilaxis anticoncepcional. Paternidad voluntaria*, 2ª edición de 1938 con el título *Medios para evitar el embarazo. Paternidad voluntaria*). La censura declaró que «el contenido del presente depósito podría ser calificado como constitutivo de posible delito de divulgación y propaganda de las prácticas anticonceptivas» (archivo 1841-78).[14] Sin embargo, pasó la censura y no fue procesado en la corte debido a las revisiones que los códigos penales estaban experimentando

---

[14] La censura franquista siguió vigente después de la muerte de Franco, hasta que se aprobó la Constitución de 1978.

en ese momento (*Ibíd.*). En 1985, en contraste, se volvió a publicar con un título abreviado, *Paternidad voluntaria,* con un prólogo de la renombrada feminista Lidia Falcón (n. 1935) que describe el libro como muestra de una «pasión de defensa del control de la natalidad» escrita por una mujer progresista «ausente de su ánimo todo prejuicio oscurantista, limpia de supersticiones e ignorancia religiosa» (viii-ix).[15] A pesar de estas reediciones aquí indicadas, Hildegart no fue objeto de estudio académico hasta años más tarde.

En las últimas décadas varios académicos han estado trabajando para matizar la figura de Hildegart, explicar el enigma, y volver la atención a sus contribuciones intelectuales y culturales (ver los trabajos de Rosa Cal, Nuria Capdevila-Argüelles, Kyra Kietrys, María Losada Urigüen, Micaela Pattison, Alison Sinclair y Jana Wittenzellner). Al pensar en la recuperación de las voces del pasado y en las figuras históricas que hoy consideramos héroes, víctimas o villanos, hay que reconocer que algunas de las ideas de Hildegart y de los anarquistas ya no tienen cabida en la sociedad contemporánea. Si, por un lado, Hildegart guardaba ideas adelantadas para su época, otras de sus ideas eran realmente nocivas. Entre estas ideas figura la de la eugenesia, considerada hoy una pseudo-ciencia (Sinclair, 10). En el contexto angloamericano, hay debates sobre el papel de Margaret Sanger en la eugenesia ya que se basa en el clasicismo, el racismo y la discriminación contra las personas con discapacidades (Stewart, sin página). La hispanista Alison Sinclair, en su estudio sobre la Liga Mundial de la Reforma Sexual, cita a expertos que distinguen entre la eugenesia angloamericana y la española afirmando que esta se basaba principalmente en la educación, la puericultura y la mejora

---

[15] Como curiosidad, cabe señalar que Lidia Falcón, escritora y afiliada del Partit Socialista Unificat de Catalunya (PSUC), es la hija de César Falcón.

de la situación social para la mujer y el obrero (10). En gran parte, pero no totalmente, la eugenesia para Hildegart y los anarquistas quería decir «reforma sexual» sin excluir totalmente aspectos de lo que sería la eugenesia pura (9-10).

Pasaremos ahora a un análisis de la novela proletaria de Hildegart con la misma advertencia que hemos hecho sobre las otras dos obras: esta sección contiene información respecto al desenlace de la historia. A lo mejor, nuestros lectores prefieren leer primero las palabras de Hildegart antes de leer el análisis que se ofrece a continuación.

¿Quo Vadis, burguesía? y la homosexualidad

De las 22 (o 26) novelas proletarias, *¿Quo Vadis, burguesía?* es la única escrita por una mujer. Aunque Hildegart se consideraba feminista en su día, esta novela solo toca el tema de la mujer de modo tangencial, como más abajo veremos. El argumento gira en torno a dos hombres republicanos que se encuentran temporalmente en la cárcel debido a cambios en el gobierno. Estando ahí, empiezan una relación epistolar con fines políticos y un subtexto con tonos amorosos. No es hasta salir de la cárcel que se conocen en persona. Los protagonistas, don Pascual de Zarzamora, un aburguesado poderoso presidente de una diputación provincial andaluza no especificada, y Luis Ogral, procedente de la clase obrera, que acabará ascendiendo en la política debido a su relación con Zarzamora. La novela termina con el asesinato, de madrugada, de ambos mientras estos salen adormilados de la misma habitación. Sinclair señala que la novela prescinde de escenas amorosas, pero no por ello cabe duda de la naturaleza de la relación (77). El pueblo acusa a Ogral de traicionar a su clase. Al ser detenidos los trescientos asesinos del pueblo, contestaron «parodiando el ejemplo clásico de nuestra literatura: 'Fuenteovejuna. Todos a una'» (Hildegart 75, de esta edición). En esta respuesta se encuentra el quid político de la novela: los políticos elegidos para representar a la clase obrera no deben abandonar su plataforma por deseos de trepar en el mundo político, o las consecuencias serán desastrosas para ellos. En este caso, el personaje sufre no sólo la muerte, sino también la humillación pública, mediante la mutilación de su cuerpo y la exposición de su cabeza desde una ventana (34).

En su libro sobre Hildegart y la Liga Mundial para la Reforma Sexual, Sinclair ofrece un acertado análisis de *¿Quo Vadis, burguesía?* basándose en la correspondencia entre Hildegart y el sexólogo inglés, Havelock Ellis (Sinclair, 75-83). Las cartas revelan que Hildegart basó la historia en dos políticos de la época: Niceto Alcalá Zamora, el presidente de la República, es la inspiración para el personaje de Zarzamora, y Francisco Largo Caballero, el Ministro de Trabajo y Secretario General de la Unión General de Trabajadores-UGT se representa en el personaje de Luis Ogral –«Largo» escrito al revés (77).[16] El argumento gira en torno a la relación que se forja entre los dos; empezó como una alianza política y acaba siendo una relación amorosa de la que los dos sacaban ventajas políticas. Sinclair señala que hay poca, o ninguna, evidencia sobre una posible relación sexual entre los dos políticos en cuestión (78).

En el primer tercio del siglo XX en España, las teorías de Gregorio Marañón sobre la homosexualidad eran clave. Para el propósito de este análisis, nos interesa la homosexualidad con respecto a lo que demuestra sobre la construcción de género. En la relación entre estos dos hombres,

---

[16] La UGT (Unión General de Trabajadores) es un sindicato con orígenes históricos compartidos con el Partido Socialista de Obreros Españoles (PSOE).

se hace hincapié en la feminidad de Zarzamora: «Su aspecto físico había sido siempre pulido hasta la feminidad. De grandes ojos inexpresivos, cejas muy móviles, frente carente de las viriles entradas, cabellos rizosos y rubios, boca gordezuela» (esta edición, 71) y «complexo de pasividad» (Ibíd.) y de «blandas carnes y meliflua voz» (72). La acumulación de palabras con connotación negativa o pasiva (por ej. inexpresivo, carente, complejo y «blandas» para describir sus «carnes») delatan la crítica de la autora que subyace el retrato. Además, la palabra «gordezuela» infantiliza a este hombre que ejerce un importante papel en el gobierno. La presentación negativa que hace Hildegart demuestra su propia reacción personal negativa hacia la homosexualidad (Sinclair 79). Físicamente esta descripción de Zarzamora dista mucho de la descripción que se hizo de la virilidad de Guzmán en el retrato literario que preludió la historia. Podemos concluir, como hace Sinclair, que la virilidad se asocia con el obrero y la feminidad con los burgueses corruptos (79).

No es solo lo físico de Zarzamora lo que le otorga atributos femeninos, sino también su forma de pensar. Una vez establecida la amistad con Ogral, Zarzamora le propone que «Hay hombres... que somos incomprendidos por nuestras mujeres, porque somos de esos hombres a quienes ninguna mujer comprenderá jamás. Llevamos tanto de mujer en nosotros mismos que sólo un hombre muy hombre puede llegar hasta el fondo de nuestra alma» (esta edición, 77). No es concebible que un hombre viril comparta una compenetración profunda con otro hombre a menos que uno de ellos tenga características de mujer.

Ogral, en contraste, muestra características propiamente masculinas: era un «hombre maduro. Tenía unos ojos azules, claros, fríos, acerados; el pelo rubio también pero sobriamente alisado; la boca cortada... las facciones acusadas y enérgicas, y de toda su persona emanaba ese misterio de la virilidad [...]» (73), y era un «hombre superior [a las mujeres]» (74) de «empuje viril del obrero» (Ibíd.). La necesidad, por parte de la autora, de construir esa relación homosexual en términos de hombre y mujer apunta no solo a la ansiedad que pueda sentir Hildegart sobre la homosexualidad, como apunta Sinclair, sino que también refleja las ideas científicas de la época (Véase el capítulo IV, «El discurso médico sobre la sexualidad y la recepción por las intelectuales próximas a la izquierda» del estudio de Beatriz Celaya).

Es curioso, además, el papel de la mujer (es decir, la esposa), doña Micaela, en la relación de estos dos hombres. Estando en la cárcel, es ella, la esposa del político burgués feminizado quien funciona de mediador en la relación. Es ella la que siente la primera atracción hacia el otro y la que «apreció [su virilidad] con un suspiro de envidia» (73). Es ella quien es libre para moverse entre las celdas y es ella la que conversa directamente con el político obrero y después transmite sus impresiones a su marido, quien «ardía [...] de deseos de conocer» al otro (74). Más tarde, el político aburguesado le contará al otro que era por los retratos «tan acabado[s]» que ella le hizo que la «amistad» se decidió (77). En última instancia, vemos que la mujer, si ya no era inferior en el campo legal gracias a la legalización del divorcio y del sufragio femenino que se aprobaron durante la República, todavía sigue siéndolo —en lo social—; un ser cuyas necesidades y deseos están subordinados a los del hombre. En su vida matrimonial se vio obligada a consolarse «de la soledad a que le obligaba la inútil compañía del [...] esposo» (71) y de ahí «vinieron al mundo unos cuantos retoños, que ostentaron orgullosos los apellidos de la casa responsable»

(Ibíd). Dicho de otro modo, aunque en el divorcio era legal, no era una opción viable para esta mujer casada con un gran político, y se vio forzada a buscarse la vida sexual y maternal del modo que pudiera. Mediante la construcción de doña Micaela, Hildegart muestra su postura comunidad médica, «el matrimonio no se hizo para satisfacción de éstos [los cónyuges], sino para crear hijos» (cdo. en Sosa-Velasco, 99). Con respecto a doña Micaela, Hildegart deja de lado su defensa de la maternidad consciente y, a la vez, reconoce la necesidad que tiene la mujer de buscar la satisfacción sexual, incluso si es fuera del matrimonio. Hildegart estaba en desacuerdo con la idea católica de que las relaciones sexuales solo servían para la procreación. Además, abogaba por el placer de la mujer. En su comunicación sobre la maternidad consciente, defendía el «placer conyugal» y la idea que ambos debían poder «saborearse el placer» sin tener que preocuparse por un embarazo no deseado. Es decir, la joven activista daba por sentado que tanto la mujer como el hombre debería poder disfrutar de las relaciones («Maternidad consciente», 237 y 238).

Reparemos aquí en la construcción de género durante la primera mitad del siglo XX. Desde el lado científico, las teorías de la endocrinología desarrolladas por el doctor Gregorio Marañón establecían la diferencia biológica entre el hombre y la mujer. A la vez que el endocrinólogo defendía la igualdad para la mujer, su teoría científica de la diferencia tenía implicaciones sociales. La historiadora Mary Nash afirma que al establecer esta diferencia biológica, se enuncia una diferencia laboral: la mujer está hecha para ser madre y el hombre para trabajar (2000, 34). Es decir, el espacio de la casa pertenece a la mujer y el público al hombre, pero ya no debido a la doctrina católica, sino a la doctrina científica. Esta diferenciación queda muy patente en la vida del personaje femenino de *¿Quo Vadis, burguesía?* Pero, aquí no sólo es relegada al espacio de la casa, es doblemente sujeta porque el marido que tiene es, en palabras del narrador, «inútil». De aquí, volvamos a las teorías científicas para entender cómo explicaban la sexualidad. Explica Nerea Aresti en su libro *Médicos, donjuanes y mujeres modernas* que, según Marañón, existía la necesidad de «redefinir los ideales masculino y femenino» (118). El principio vertebrador era la total diferenciación entre hombres y mujeres (119). Su teoría de la intersexualidad permitía una explicación de la transgresión de las normas fisiológicas, morfológicas y sociales declaradas como naturales para cada género. La intersexualidad se entendía como una transgresión, se veía como una patología que se podía combatir mediante la educación o la terapia (124-25).

Conclusiones

Además de coincidir los tres autores en visión crítica del Socialismo Republicano, sus biografías ponen a descubierto unas fortuitas intersecciones personales que son testimonio del compromiso a la causa obrera que duró décadas y tocó a varias generaciones, independientemente del silencio impuesto por el franquismo y por los cambios que la causa misma inevitablemente experimentaría. A modo de conclusión, podemos observar que las representaciones de género que se dan en estas tres novelas de vertiente política presentan tres interpretaciones del ideal masculino y que, a pesar de su fin propagandístico (o quizás debido a ello), este ideal pone en relieve el pensamiento social marcado por las doctrinas científicas de la época sobre todo con respecto a la concepción y el trato de la mujer.

Nota sobre esta edición

Hemos conservado la ortografía original para reproducir fielmente las publicaciones tal y como fueron impresas por Ediciones Libertad. Por ejemplo, palabras como «fué» y «dió» se escriben con acentos, aunque se han eliminado de la ortografía actual. También se observa en algunos casos la morfología literaria del pretérito simple, por ejemplo «quedóse» para «se quedó». También hemos reproducido las erratas, señalándolas con «[*sic*]», para conservar las obras intactas para nuestros lectores. En el caso de palabras o conceptos que podrían serles desconocidos a los lectores actuales, ofrecemos notas a pie de página. Deseamos que disfrutéis de la lectura y análisis de este pequeño trozo de la historia de España en el que se aprecian experiencias del mundo obrero y sus intersecciones con el género y la sexualidad.

Al comienzo de cada obra se reproducen la imágenes de la cubierta y la portada tal y como salieron las obras en los quiscos. Cada novela cierra con el nombre del autor empleando una tipografía que imita una firma genérica, pues eso también se hacía en las ediciones originales.

Bibliografía citada

Alted Vigil, Alicia., and Paul Aubert. *Triunfo en su época: jornadas organizadas en la Casa de Velázquez los días 26 y 27 de octubre de 1992.* Madrid: Ecole des hautes etudes hispaniques, 1995.

Álvarez Fernández, José Ignacio. *Memoria y trauma en los testimonios de la represión franquista.* Barcelona: Anthropos, 2007.

«Ánimas benditas», *La Tierra.* 26 mayo 1932, pág. 3.

Anónimo. «Muere el periodista y escritor Eduardo de Guzmán.» *El País.* 26 julio 1991. pág. 18.

Archivo. Ministerio de Cultura, Dirección General del Libro y Bibliotecas. Censorship Notes. Expediente No. 1841-78: *Medios para evitar el embarazo.* Madrid, 1978.

Aresti, Nerea. «Masculinidad y nación en la España de los años 1920 y 1930». *Mélanges*, Vol. 42 núm. 12, 2012. Págs. 55-72. Consultado en línea https://journals.openedition.org/mcv/4548 el 15 julio 2020.

_____. *Médicos, donjuanes y mujeres modernas. Los ideales de feminidad y masculinidad en el primer tercio del siglo XX.* Bilbao: Universidad del País Vasco, 2001.

Bueno Uribe, Carmen. Entrevista con Kyra Kietrys y Kate Ramella. Madrid, 8 enero 2006.

Cal, Rosa. A *mí no me doblega nadie. Aurora Rodríguez: Su vida y su obra (Hildegart).* 2ª edición. A Coruña: Edicios do Castro, 2009.

Caparrós Lera, José María. *El cine español de la democracia: de la muerte de Franco al «cambio» socialista (1975-1989)*. Spain, Anthropos, 1992.

Capdevila-Argüelles, Nuria. *Autoras inciertas. Voces olvidadas de nuestro feminismo*. Madrid: Horas y horas la editorial, 2008.

Celaya Carrillo, Beatriz. *La mujer deseante: sexualidad femenina en la cultura y novela españolas (1930-1936)*. Newark, DE: Juan de la Cuesta, 2005.

Connell, Raewyn. *Gender and Power: Society, the Person and Sexual Politics*. Stanford: Stanford University Press, 1987.

Demetriou, Demetrakis. «Connell's Concept of Hegemonic Masculinity: A Critique». *Theory and Society* 30.3, 2001. Págs. 337-361.

Diccionario de la Real Academia Española. <<rae.es>> Consultado mayo 2020.

Eco, Revista de España. Año 1, núm. 1. junio, 1933, pág.1

Esteban, José. *El Madrid de la Republica*. Madrid: Silex, 2000.

Esteban, José y Gonzalo Santonja. *La novela social, 1928/39. Figuras y tendencias*. Madrid: Ediciones de la idea, 1987.

Expediente: 13607/72vf. Notas de censura de *Aurora de sangre (Vida y muerte de Hildegart)*. ed. Gregorio del Toro. 17 nov 1972. Código de referencia: (3) 73/2547. Alcalá de Henares, Archivo General de la Administración.

Falcón, Lidia. Prólogo a *Paternidad voluntaria* de Hildegart (1931). Barcelona: Ediciones Ricou, 1985.

Feria, Rafael. «1937-2002: principio y final de la peseta fiduciarisa» En Galende Diaz, Juan Carlos, and Javier de Santiago Fernandez (dir.). *VII Jornadas Cientificas sobre Documentacion Contemporanea (1868-2008)*. Madrid: Dpto. de Ciencias y Tecnicas Historiograficas,

Universidad Complutense de Madrid, 2008. 73-119.

Fernandez Gutierrez, José María. *La novela semanal*. Madrid: Consejo Superior de Investigaciones Científicas, 2000.

Gómez Aparicio, Pedro. *Historia del periodismo español: de la Dictadura a la Guerra Civil*. Madrid: Editora Nacional, 1981 (pág. 208)

Google n-gram. Consultado mayo 2020 en <<https://books.google.com/ngrams>>.

Graham, Helen. «Women and Social Change» in *Spanish Cultural Studies. An Introduction* (ed. Helen Graham and Jo Labanyi), New York: Oxford University Press, 1995. Págs. 99-116.

Guzmán, Eduardo de. *Aurora de Sangre*. Madrid: Ediciones G del Toro, 1972.

Guzmán, Eduardo de. *Mi hija Hildegart*. Barcelona: Ediciones G.P., 1977.

Hemeroteca Digital. Biblioteca Nacional de España. *La Tierra*. Descripción <http://hemerotecadigital.bne.es/details.vm?q=id:0028275756&lang=en> [Consultado el 20 de febrero 2020].

«La campaña sanitaria,» *El Heraldo de Madrid*, 22 marzo 1926, pág. 6.

Hermida Martín, Yanira. «Aborto libre y maternidad consciente. Propuestas libertarias para la emancipación de la mujer (1931-1936)». En *Mujeres públicas, ciudadanas conscientes: una experiencia cívica en la Segunda República*. Castelló de la Plana: Universidad Jaume I, 2018. Págs. 117-131.

Herrero Hernández, Pablo. Correspondencia personal con Kyra Kietrys. 3 octubre 2012.

Hildegart, «Maternidad consciente» en *Libro de las primeras jornadas eugénicas españolas. Genética, eugenesia y pedagogía sexual*. Dirs. Enrique Noguera y Luis Huerta. Madrid: Javier Morata Editor, 1934.

_____. *El problema sexual tratado por una mujer española*. Madrid: Javier Morata, 1931.

_____. *La limitación de la prole*: *Un deber del proletariado consciente*. Madrid: Gráfica Socialista, 1930.

Iglesias de Ussel, Julio. «La sociología de la sexualidad en España: notas introductorias». *REIS – Revista española de investigaciones sociológicas*. Enero/marzo 1983. págs.103-134.

Keown, Dominic. «Feminism, Politics, and Psicosis in Fernán Gómez's Mi hija Hildegart (1977).» *Spanish Cinema; the Auteurist Tradition*. Ed. Peter William Evans. Oxford: Oxford UP, 1999. pp.147-163.

Ketz, Victoria L. «Reinforcement of Masculinity Through Violence» in *The Dynamics of Masculinity in Contemporary Spanish Culture*, eds. Lorraine Ryan and Ana Corbalán. New York: Routledge, 2017.

Kietrys, Kyra. «Hildegart in the 1930s: Her Politics and Her Image». *Bulletin of Hispanic Studies*. Liverpool UP, Vol. 92, No. 3 (April 2015): 255-281.

Losada Urigüen, María. «El pensamiento político de Hildegart Rodríguez entre socialismo y revolución», *Germinal: revista de estudios libertarios*, N°. 2, 2006, págs. 69-91.

La Luz, 7 junio 1936.

Mangini, Shirley. *Las modernas de Madrid. Las grandes intelectuales españolas de la vanguardia*. Barcelona: Ediciones Península, 2001.

Martín Gaite, Carmen. *Usos amorosos de la posguerra* (1987). Barcelona: Anagrama, 2007.

Martínez de la Hidalga, Fernando. «La novela del oeste»

en Fernando Martínez de la Hidalga et al. *La novela popular en España, Tomo I*. Ediciones Robel: Madrid, 2000. pp.53-84.

Martínez Riaza, Ascensión. «Espacios de sociabilidad y propaganda. La apuesta por España del peruano César Falcón, 1919-1939.» En *Redes intelectuales y formación de naciones en España y América latina (1890-1940)*. Coord. por Manuel Pérez Ledesma y Marta Elena Casaús Arzú. Madrid: Ediciones de la Universidad Autónoma de Madrid, 2005. Págs. 421-450.

Masferrer y Canto en *El Sol*, 2 nov 1936

Ministerio de Información y Turismo. Dirección General de Cultura Popular. *La rebeldía sexual*. Notas de censura. Document No. 4926/77, 1977. Archivo General de la Administración, Alcalá de Henares, Madrid. 13607/72

Montero, Rosa. «La madre araña». *El País*. 19 febrero 2006. <https://elpais.com/diario/2006/02/19/eps/11 40334019_850215.html> Consultado 18 junio 20.

Nash, Mary. «Género, cambio social y la problemática del aborto». *Historia Social*. No. 2 (Autumn, 1988), págs. 19-35.

_____. «A disreputable sex reformer. Hildegart, the Red Virgin» in *Wayward Girls and Wicked Women. In Memoriam of Angela Carter*, eds. Aránzasu Usandizaga y Elizabeth Russell. Barcelona: Universitat Autónoma de Barcelona, 1995. Págs. 79-88.

_____. *Defying Male Civilization: Women in the Spanish Civil War*. Denver, CO: Arden Press, 1995.

_____ «Un/contested Identities: Motherhood, Sex

Reform and the Modernization of Gender Identity in Early Twentieth-Century Spain» in *Constructing Spanish Womanhood : Female Identity in Modern Spain*, eds. Victoria Loree Enders and Pamela Beth Radcliff. Albany, N.Y: State University of New York Press., 2000.

Necrológicas. «Irene Falcón, secretaria personal de Pasionaria». *El País*. 19 ago 1999. https://elpais.com/diario/1999/08/20/agenda/935100001_850215.html

O'Leary, Catherine. «Staging the Revolution: The *Nosotros* Theatre Group and the *teatro proletario* of the Second Republic.» *Modern Language Review*, vol. 112, no. 3, July 2017, pp. 611–644.

Pattison, Micaela. «In Search of Hildegart: Tracking a Body and a Biography over a Century». *Journal of Iberian and Latin American Research*. 21:2 (2015), 258-270.

_____. «Construcción literaria de la feminidad moderna en las narrativas (auto-) biográficas de Hildegart (1914-1933)». En *Actas del XIV Congreso de la Asociación de Historia Contemporánea. Del siglo XIX al XXI*. Coord. Mónica Moreno Seco. Alicante: Biblioteca Virtual Miguel de Cervantes, 2019.

_____. «Eugenics and the modern woman on trial in Spain: from the *Primer curso eugénico* (1928) to the trial of Aurora Rodríguez Carballeira (1934)». *Journal of Iberian and Latin American Research*. 25:1 (2019), 35-56.

Preston, Paul. *The Coming of the Spanish Civil War*. 2nd Ed. London: Routledge, 1994.

_____. *A People Betrayed. A History of Corruption, Political Incompetence and Social Division in*

Modern Spain. New York: Liveright, 2020.

Sánchez Alvarez-Insua, Alberto. Bibliografía e historia de las colecciones literarias en España, 1907-1957. Madrid: Libris, 1996.

Santonja, Gonzalo. *La novela proletaria (1932-1933). Tomo 1*. Madrid: Ayuso, 1979.

_____. *La insurrección literaria: la novela revolucionaria de quiosco (1905-1939)*. Madrid: SIAL, 2000.

Sastre, Alfonso. Prólogo a *La insurrección literaria: la novela revolucionaria de quiosco (1905-1939)* de Gonzalo Santonja. Madrid: SIAL, 2000.

Scanlon, Geraldine M., and Rafael. Mazarrasa (Trad.). La polémica feminista en la España contemporánea (1868-1974). 1ª ed. Madrid: Siglo XXI de España Editores, 1976.

Sinclair, Alison. *Sex and Society in Early Twentieth-Century Spain: Hildegart Rodriguez and the World League for Sexual Reform*. Cardiff [Wales]: University of Wales Press, 2007.

El Sol, 29 julio 1921, p.2.

Sosa-Velasco, Alfredo J. «Gregorio Marañón Posadillo: Masculinización y heterosexualización de una España intersexual». En *Médicos escritores en España, 1885-1955: Santiago Ramón y Cajal, Pío Baroja, Gregorio Marañón y Antonio Vallejo Nágera*, Woodbridge, Suffolk: Tamesis, págs. 99-144.

Stewart, Nikita. «Planned Parenthood in N.Y. Disavows Margaret Sanger Over Eugenics.» *New York Times*, 21 julio 2020. Consultado el 21 julio 2020 https://www.nytimes.com/2020/07/21/nyregion/planned-parenthood-margaret-sanger-eugenics.html?referringSource=articleShare

Wittenzellner, Jana. «Cómo escenificar la erudición: Hildegart Rodríguez y la sexología». *Ibero* 2015 (81), págs, 46-62.

Zamostny, Jeffrey, and Susan Larson. *Kiosk Literature of Silver Age Spain: Modernity and Mass Culture*. Bristol, UK: Intellect, 2017.

RECOMENDACIONES PARA LECTURAS
COMPLEMENTARIAS

Graham, Helen. *Breve historia de la Guerra Civil*. 1ª ed. Barcelona: Austral, 2013.

_____. *The Spanish Republic at War, 1936-1939*. Cambridge: Cambridge University Press, 2002.

_____. *Socialism and War the Spanish Socialist Party in Power and Crisis, 1936-1939*. Cambridge: Cambridge University Press, 1991.

Payne, Stanley G. Payne, Stanley G. *The Spanish Civil War*. Cambridge: Cambridge University Press, 2012.

_____. *The Collapse of the Spanish Republic, 1933-1936 : Origins of the Civil War*. New Haven: Yale University Press, 2006.

_____. *The Spanish Civil War, the Soviet Union, and Communism*. New Haven: Yale University Press, 2004.

Preston, Paul. *Las tres Españas del 36*. 1a ed. Barcelona: Debolsillo, 2003.

_____. *The Coming of the Spanish Civil War Reform, Reaction, and Revolution in the Second Republic*. 2nd ed. London: Routledge, 1994.

_____. *Revolution and War in Spain, 1931-1939*. London: Methuen, 1984.

Valis, Noel Maureen. *Teaching Representations of the Spanish Civil War*. New York: Modern Language Association of America, 2007.

LAS NOVELAS PROLETARIAS

La novela proletaria

25 cts

Eduardo de Guzmán

el confidente

Joaquín Alcaraz XXXII

EL CONFIDENTE

Eduardo de Guzmán

LA NOVELA PROLETARIA

PUBLICACIÓN SEMANAL

Director: AUGUSTO VIVERO

| Año I |  | Núm. 8 |

EL CONFIDENTE

por

EDUARDO DE GUZMAN

Portada de ALCARAZ

EDICIONES LIBERTAD

Calle de Roma, 41

MADRID

Retrato literario de Guzmán[17]

Mozo de cuerpo y mozo de alma, en Eduardo de Guzmán hay uno de los más sanos, puros y briosos luchadores de la España nueva.[18]

Por eso, no obstante su mocedad, Guzmán es uno de los escritores revolucionarios, sinceramente revolucionarios, más populares entre las clases proletarias. Como galardón de sus obras, lleva en el pecho las veneras de innumerables procesos, todos caídos sobre él en lucha por la libertad y por la justicia.[19] Pero él sigue su camino, alta la frente, risueño el gesto, diciendo con son laico –Guzmán es un laico irreducible– : —Bienaventurados los que padecen persecuciones por la Justicia.[20]

Este muchacho, que en la pugna por un régimen social

---

[17] Cinco de las veintidós novelas proletarias comienzan con un retrato del autor. Otras tres abren con una nota al lector o un prólogo. Las catorce restantes presentan la novela directamente, sin preludio de ningún tipo.

[18] Desde las primeras líneas se aprecia una atención a la masculinidad y al cuerpo. El énfasis en el estado sano del cuerpo y del alma refleja las ideas sobre la higiene que imperaban en esa época (y que coincidían con los argumentos fascistas sobre la higiene moral y física para el bien de la nación).

La «España nueva» se refiere a la España moderna—la España de la República, en oposición a la «España vieja» que representa la España monárquica, tradicional, defensora de las viejas costumbres y de la corrupción de poder.

[19] Una *venera* es una «insignia distintiva que traen pendiente al pecho los caballeros de cada una de las órdenes» (Diccionario de la Real Academia Española–DRAE); «proceso» en este contexto se refiere a un proceso penal, o un juicio legal. El narrador está hablando de manera metafórica para destacar la heroicidad de Guzmán

[20] Nuevamente el narrador se vale de imágenes corporales para retratar a Guzmán, está vez pintándolo con aire de redentor. Los lectores podrán encontrar numerosos ejemplos de conexiones entre el cuerpo, la masculinidad y la heroicidad en este retrato literario.

Obsérvese también la valoración de lo laico –en oposición a lo religioso, que era otro de los principios izquierdistas.

mejor pone toda la nobleza y todo el brío de sus aficiones deportistas, es de los que no tiemblan ni vacilan.

Su prosa, buida, flexible, tajante, tiene algo de hoja toledana.[21] Vése correr por ella,[22] además, un pensamiento enrojecido por la lumbre de los ideales, y siempre hacer recordar que aquella punta heridora tiene al otro extremo un corazón macho.

Por eso, Eduardo de Guzmán, tan joven, tan nuevo en lides literarias, descuella con personalidad robusta en el campo de las izquierdas revolucionarias. No es el esgrimista italiano —florituras y jeribeques—, sino el bravo paladín que, con la sonrisa en los labios, arremete silencioso contra la turbamulta de los enemigos, sin contar su número ni defender el cuerpo contra los golpes de esas cosas que se llaman leyes, y con las cuales el Mundo viejo se ampara contra el afán de vida justiciera del Mundo nuevo.

En *El confidente* —más realidad que novela—, el ya ilustre prosador se muestra de cuerpo entero en su odio contra las supervivencias del pasado, una de las cuales, y no de las menos odiosas, es el tipo del eterno Judas, del traidor que siempre se desliza entre los luchadores para entregarlos a sus enemigos y ataja los avances de la idealidad revolucionaria en marcha.

Leed[23] esta prosa, natural, coloreada por la ira y el desprecio, y veréis en cada una de las facetas del conmovedor relato la pureza del pensador, la nobleza del combatiente, que odia más a los traidores emboscados en la sombra que

---

[21] La *hoja toledana* se refiere a la cuchilla de una navaja; «toledana» es el adjetivo para indicar «de Toledo» y recuerda la importancia de esta comarca en la confección de espadas. Nótese el giro lingüístico que evoca las armas de modo sutil y, así, da un grito de guerra subliminal.

[22] *Vése correr* es una forma literaria de decir «Se ve correr»; *por ella* se refiere al antecedente «la prosa».

[23] Nótese el imperativo en forma de vosotros para establecer una intimidad con los lectores. La costumbre en el movimiento obrero era dirigirse al público de modo informal.

a los enemigos implacables. Leed *El confidente* –un drama de los millares de dramas del Redentorismo humano–, y por seguro de todos, los que aún no conozcáis a este mozo de alma formidable, diréis con jubiloso entusiasmo: —¡He aquí uno de los nuestros![24]

I

Nervioso, un poco pálido, Juan se levantó. Con paso lento se acercó al mostrador. Miró la hora. A su boca acudió rápida la sospecha que desde hacía un rato le martilleaba las sienes:

— ¡Las cuatro y media ya, y ese sin venir! ¿Nos habrá traicionado?

Desde la mesa del rincón, los tres compañeros le miraron en silencio. Por sus mentes había cruzado también la terrible sospecha. Pero, internamente, trataban de convencerse de lo infundado de sus temores. Antonio, por decir algo, afirmó:

— Vendrá. Aún no es demasiado tarde. Ha podido ocurrirle cualquier cosa.

Juan, reclinado sobre el mostrador, movió dubitativamente la cabeza.

El bar estaba desierto. Tabernáculo de barriada, con pretensiones modernistas, frecuentado por trabajadores, sólo se veía concurrido a primera hora de la mañana y por la noche. Hasta el chico del mostrador, que conocía a los visitantes, se había ido tranquilamente a un recado.

Los cuatro hombres tenían tipo de trabajadores; frentes

---

[24] «He aquí» es una manera formal y llamativa de decir «Aquí está» o «Este es». Con esta frase de cierre, el narrador también establece una dicotomía entre un «nosotros», los que tenemos la razón y «ellos», los que se equivocan. De este modo, observamos la naturaleza propagandística de las novelas proletarias.

amplias de pensadores; ojos exaltados de idealistas prestos a todas las audacias y todos los sacrificios. Mandíbulas cerradas que hablaban de una energía poco corriente. Y manos callosas de quien diariamente se gana el pan con el esfuerzo de sus brazos.

Pasaron unos minutos. Juan, apoyado en el mostrador, parecía sumido en profundas meditaciones. Sus compañeros fumaban en silencio, hondamente reconcentrados.

De pronto, la puerta de cristales se abrió con estrépito. Cuatro pistolas amenazadoras, apuntando en todas direcciones. Y tras ellas, unos ojos inyectados en sangre, unos rostros demudados en los que se leía, conjuntamente, el terror y el deseo de terminar pronto.

Juan se volvió rápido. Al frente de los que entraban iba un hombre alto, atlético. Con la rapidez de un relámpago, por la mente del anarquista cruzó el recuerdo de un calabozo sombrío, de unas esposas que se clavaban despiadadamente en sus muñecas. Y de aquel mismo hombre abofeteándole cobarde, canallescamente, mientras de sus labios salían las palabras más ofensivas.

Pero más rápidas que su imaginación fueron las pistolas de los policías que entraban. Juan oyó —no había terminado aún de volverse hacia la puerta— el ruido de varios disparos. Y se sintió herido. En el vientre, en el pecho.

Rodó por el suelo. Pero ya sus compañeros estaban en pie, pistola en mano, dando la réplica a los asaltantes. Sonaron varios tiros. Los policías, olvidando al caído, contestaron a sus compañeros. Juan, en el suelo, tuvo fuerzas para sacar su pistola. Apuntó sereno, con rabia; tiró certeramente, contra el hombre odiado, contra la sombra negra que se interponía siempre en su camino.

El polizonte —aquel González, de triste recuerdo para los trabajadores— recibió un tiro en pleno pecho. Vaciló primero sobre sus piernas, cayó pesadamente después, sin exhalar un grito.

Al verle caer, sus compañeros se batieron en retirada. Sin dejar de disparar, retrocedieron hasta la calle; echaron a correr luego. Rastros de sangre dejados en la huida, atestiguaban que las balas de los anarquistas habían llegado a su destino.

La escena —rapidísima— apenas si había durado un minuto. Dos de los compañeros se acercaron rápidos a Juan. El otro, desde la puerta, contestaba a los disparos que policías y guardias hacían desde el exterior. Levantaron, inquirieron su estado. Con trabajo habló el herido:

— López nos ha vendido. ¡Lo que yo me temía!

Antonio replicó:

— Ya arreglaremos cuentas con él. Ahora hay que ver la manera de salvarse.

Se aproximó a la puerta. Al través de los destrozados cristales se veían, medio ocultos en los portales de la acera de enfrente, policías y guardias, pistola en mano. Difícil se presentaba la huida; pero no era hombre que se asustara fácilmente. Volvió al lado del herido:

— Entre Pedro y yo te llevaremos. Felipe nos cubrirá la retirada. Saldremos disparando y nos abriremos paso.

Juan, con una sonrisa en los labios, le interrumpió:

— No; nos matarían a todos. Y es preciso que se salve alguien para vengar a los que caigan. Yo ya tengo bastante. Moriría de todos modos. Marcharos vosotros solos; yo sería un estorbo. Podréis abriros paso disparando; echad a correr, quizá haya por ahí un auto del que podáis apoderaros. Yo seguiré aquí, disparando mientras me queden fuerzas...

Antonio intentó protestar. Rápido, enérgico, Juan ordenó:

— ¡Marcharos y dejadme!

Pedro quiso objetar algo; inmutable, el herido añadió:

— ¡Escapar pronto! ¡Si no, nos matarán a todos!

Tenía razón. Había que prepararse rápidamente. Entre Pedro y Antonio volcaron el mostrador y amontonaron las mesas formando una barricada delante del herido.

Dejaron dos pistolas y varios cargadores de repuesto. Luego, examinaron sus armas. Estaban en disposición de hacer fuego. Se despidieron de Juan. Rápidamente. Un fuerte apretón de manos, con lágrimas en los ojos, sin palabras. Únicamente, Antonio dijo:

— Te vengaremos. Uno sólo que salga con vida, es la seguridad de que López morirá pronto.

Luego se acercaron a la puerta. La última mirada al compañero. Una frase breve de despedida:

— Hasta nunca.

De los labios de Juan brotó por última vez, acaso, el vítor querido:

— ¡Viva la anarquía!

Preparados ya, Antonio dio la voz:

— ¡Ahora!

Los tres se lanzaron a la calle. Sus pistolas trazaron un círculo de fuego. Los policías, acobardados, disparaban también, asomando las manos fuera de los portales que les servían de escondite. Pero sin atreverse a dar la cara a los que huían.

Uno, más valiente, asomó la cabeza. Pedro le tumbó de un disparo certero.

Los fugitivos corrían calle abajo. De vez en cuando, sin dejar de correr, se volvían para disparar. Fueron unos instantes de angustiosa huida. Felipe se detuvo de pronto; estaba herido. Sintió flojear las piernas, nublársele los ojos. Antonio le sostuvo.

— ¡Animo!, le grito.

Con un esfuerzo supremo, Felipe se repuso. Se enderezó. Disparó su pistola sobre unos policías que venían en su seguimiento, y continuó a huida:

— No es nada–le dijo a Antonio–. Corre.

Siguieron corriendo. Al volver una esquina, un auto parado. En el volante un muchacho joven. Había oído los disparos y miraba alarmado en todas direcciones. No tuvo tiempo de reflexionar. Tres pistolas le apuntaron a la cabeza, y una voz imperiosa ordenó:

— ¡A toda marcha o te mato!

Obedeció. Pisó a fondo el acelerador. El coche dio un brinco y enfiló a toda marcha hacia el centro de la ciudad. Los perseguidores hicieron los últimos disparos. Antonio, desde el asiento posterior, disparó también.

Pronto los policías quedaron atrás. El auto atravesó a toda marcha la ciudad. Nadie sospechó nada. Pedro examinaba a Felipe. Tenía un balazo en la pierna derecha. Con unos pañuelos taponó la herida, conteniendo la hemorragia.

Llegaron a las afueras de la ciudad. En un descampado ordenó Antonio:

— ¡Para!

Descendieron. La carretera se abría libre ante el coche. Atrás, a unos cuantos metros, comenzaba uno de los arrabales de la ciudad. Ordenaron al dueño del coche.

— Dale toda marcha al coche. Y no se te ocurra volver por aquí en menos de una hora. Si vuelves, es posible que estuviéramos por aquí y no salieras muy bien librado.

El auto emprendió la marcha ordenada. Los tres anarquistas, la mano en el bolsillo de la americana, donde la pistola estaba preparada para hacer fuego, se internaron en el barrio. Conocían perfectamente el terreno.

Atravesaron intrincadas callejuelas del barrio pobre, caminaron durante un rato. Luego, llamaron en casa de un amigo. Hicieron la primera cura al herido. Una hora después, separados, se dirigieron hacia un refugio seguro.

A las ocho salieron los primeros periódicos. Daban cuenta detallada de lo ocurrido. Uno de ellos, en grandes titulares, decía en primera página:

«Unos atracadores, reunidos en un bar para preparar un asalto, disparan sobre la policía al ser sorprendidos y matan a dos agentes y hieren a varios más. Un atracador muerto. Tres, consiguen escapar».

Leyeron el relato oficial. Se les llamaba ladrones profesionales. Se les acusaba de haber cometido infinidad de atracos; se les tildaba con los peores epítetos. Y se pedían del Gobierno medidas enérgicas para terminar con aquellos bandidos, vergüenza de la gran ciudad.

Al través del relato oficial, fueron los tres anarquistas enterándose de lo ocurrido después de su partida. Juan había resistido heroicamente. Durante dos horas hizo frente a los ataques de la policía y los guardias. Para reducirlo, ante el bar se había concentrado un verdadero ejército dirigido por los altos jefes policiales. ¡Hasta una ametralladora llevaron! Pero no tuvieron que utilizarla. A las dos horas de resistir, cuando ya había tumbado, heridos o muertos, a varios que pretendieron entrar, y sembrado el terror entre los restantes, Juan, desangrado, no pudo seguir disparando. Los policías entraron entonces. Le encontraron muerto, con la pistola en la mano. No había en sus ojos rastro de odio. Y por sus labios, entreabiertos en la agonía, parecía cruzar aquella sonrisa humana que iluminaba su rostro cuando las multitudes enardecidas le aplaudían, al terminar uno de sus discursos contra la plutocracia, contra la burguesía, contra todos los políticos explotadores del proletariado...

II

Por la noche, un doctor amigo operó a Felipe. La herida no era por fortuna muy grave. La bala había herido en la pierna derecha, yendo a detenerse en el hueso. No había interesado ningún tendón. La tibia estaba intacta. Extrajo la bala, y lavó la herida. Luego la vendó.

— No es nada grave, dijo. Unos días de quietud y pronto estará completamente bien.

El herido tuvo, durante la noche, un poco de fiebre. Apenas pudo dormir. Sus compañeros tampoco durmieron mucho. Por sus mentes cruzaba sin cesar el recuerdo del compañero muerto. Y también —como una figura odiosa que hacía crisparse instintivamente sus puños— aquel López trágico que les habla vendido por un puñado de pesetas.[25]

Más que todo lo sucedido, más que la muerte del compañero, Antonio sentía el fracaso de la intentona. Se trataba de eliminar a un indeseable, a un gobernador salvaje que había cubierto de luto las calles de la ciudad, ensangrentándola con la sangre de los trabajadores.[26]

Recordaba hechos cercanos. Primero las horas de miseria allá en la emigración, lejos de la patria querida, aplastada

---

[25] Las reflexiones que hace Juan en los siguientes párrafos ofrecen un resumen de la historia política de la época y revelan el propósito didáctico de la novela de informar a la clase obrera de la situación política.

[26] Por la cronología de los comentarios, parece que Guzmán se refiere aquí a la huelga de *La Canadiense* en la primavera de 1919. *La Canadiense* era el nombre popular de la empresa eléctrica de Barcelona –Barcelona Traction, Light and Power Company cuyos propietarios eran anglocanadienses (Preston, *A People Betrayed*, 110). Según el historiador Josep Roig, la huelga acabó en estado de guerra y hubo muchas detenciones de los huelguistas (30). Este incidente dio paso a un periodo violento en Barcelona y mucha tensión entre los anarquistas y sindicalistas frente al gobierno central (110-118). La agresión contra los anarquistas explica por qué los personajes de *El Confidente* se habían emigrado a Francia. De hecho, César Falcón tuvo que exiliarse a Francia durante unos meses de 1930 por haber organizado una protesta contra los ataques que el gobierno le hizo a la prensa izquierdista (O'Leary 619). Los intelectuales Miguel de Unamuno y Gregorio Marañón también fueron exiliados por Primo de Rivera (Martínez Riaza 430).

por el pie de hierro de un militarote borracho.[27] Los años tristes de hambre y dolores, escondiéndose de la policía extranjera que a instigaciones de la nacional,

perseguía como animales dañinos a los revolucionarios. La etapa dolorosa de persecuciones y martirios, donde cada noticia de la patria lejana era un nuevo dolor, porque traía el conocimiento del asesinato de algún buen compañero, del encierro en lóbregas prisiones de otro.

Recordaba después la caída del primer dictador, el retorno oculto al suelo natal para laborar por la revolución.[28] Las encendidas arengas de los políticos que prometían al pueblo que les ayudara, la redención, el castigo implacable de tanto ladrón y asesino, la conquista plena de una libertad ansiada.

Época grata de luchas duras, frente a una dinastía que se debatía en la agonía;[29] peleas cruentas donde no pocos trabajadores perdían la vida. Pero días ilusionados por la esperanza de una victoria cercana, de un triunfo próximo sobre aquel Estado que se tambaleaba al impulso viril de los trabajadores organizados.

¡Y el día del triunfo![30] Aquella tarde primaveral en que

---

[27]   Se refiere al dictador Miguel Primo de Rivera, que estuvo al mando del país junto al Rey Alfonso XIII desde 1923 a 1930. Hay un famoso poema del escritor izquierdista, José Antonio Balbotín que parece alabar al dictador pero cuyo acróstico reza «PRIMO ES BORRACHO» (Caudet 71-72). El historiador Joan Maria Thomàs plantea que es posible que a Primo de Rivera se le conociera como el «cirujano de hierro» (30). Guzmán parece estar jugando con este nombre.

[28]   La dictadura de Primo de Rivera terminó hacia finales de 1929, cuando Alfonso XIII lo despidió (Jackson 24). Legalmente, Primo de Rivera dimitió el 27 de enero de 1930 (González Calleja, 418). Recordemos que la Segunda República triunfó en las urnas, es decir, en las elecciones (Martínez Riaza 436). Cuando Guzmán habla de la revolución, se refiere a la revolución proletaria y social, no una revolución militar.

[29]   Se refiere al Rey Alfonso XIII que pertenece a la dinastía de los Borbones. Desde 1700, todos los reyes de España han sido de la casa de Borbón, con la excepción de José Bonaparte (1808-1813) y Amadeo I (1871-1873) (Pereira-Muro, 175). El rey actual es Felipe VI desde julio 2014 (Precedo y Manetto).

[30]   Se refiere al 14 de abril de 1931, el día en que se proclamó la Segunda República en las elecciones.

la revolución, victoriosa en todas sus líneas, obligó a los ti-
ranos a declinar sus poderes.[31] Momentos de éxito en que
los revolucionarios que combatían al lado de los trabajadores prometiendo liberarles de sus cadenas se alzaron al
poder. Cuando el pueblo —ebrio de alegría y esperanzas—
paseó su alborozo de un extremo a otro de la nación en
medio de vítores y aclamaciones.[32]

Y luego, día tras día, el lento y continuado derrumbarse
de esperanzas; la tristeza, primero, de ver cómo pasaban in-
demnes las fronteras quienes más se habían distinguido en
la persecución de obreros; el dolor, más tarde, de asistir a la
marcha del régimen, traicionando, una tras otra, todas las
promesas revolucionarias; cómo los políticos encaramados
en el poder, olvidaban sus prédicas para adoptar el mismo
tono brutal que sus predecesores; la transformación lenta y
segura de los que un día se llamaron compañeros en enemigos irreconciliables; y la desesperanza, más tarde, de ver
cómo después de triunfar la revolución eran asesinados los
obreros con la misma impunidad que meses atrás.[33]

Y ya después de la caída de los primeros trabajadores, las
cosas siguieron a la deriva. Más a la derecha cada día los gobernantes; más enemigos del proletariado revolucionario los
políticos. Y entre los que habían luchado juntos, entre
quienes habían puesto total o parcialmente sus ilusiones en
aquel movimiento derrocador de una monarquía co-
rrompida por todos los vicios, se fue abriendo un abismo
de incomprensión y sangre. Los trabajadores se sintieron

---

[31] Se refiere a Dámaso Berenguer, apuntado por Alfonso XIII como jefe de
gobierno después de Primo de Rivera desde enero 1930 hasta su dimi-
sión en febrero 1931. A este periodo se lo conoce como la «dictablanda»
(Tusell, 597). También hace referencia al autoexilio del Rey Alfonso
XIII cuando se proclamó la República en 1931 (Ibíd., 647-649).

[32] Cuando se proclamó la República hubo grandes celebraciones en las
calles de las cuales se conservan muchas imágenes; basta con hacer una
búsqueda en línea para verlas.

[33] En este párrafo y el siguiente se encuentra el quid de la cuestión respecto a las quejas que tenían los anarquistas y los de la izquierda radical con
el gobierno republicano.

más alejados cada día de los que antaño se llamaron sus compañeros. Y pronto se encontraron, frente a ellos, en idéntica situación a la que se hallaran frente a los gobernantes monárquicos antes del derrumbamiento del régimen desaparecido.

Peor aun; porque antes, cuando un obrero caía víctima del terrorismo gubernamental, todos los políticos ahora encaramados en el poder, elevaban enérgicos sus voces de protesta. Y aunque esto sirviera de poco, evitaba algunos asesinatos, hacía que los polizontes fuesen más cautos y que en más de una ocasión no se atrevieran a apretar el gatillo homicida por miedo al escándalo que pudiera derivarse de su actuación.

Ahora, en cambio, defensores de uno y otro régimen, se unían estrechamente en la persecución del proletariado. Representantes dignos de una clase privilegiada, se estrechaban las manos por encima de sus diferencias ideológicas, para defender los intereses materiales contra los trabajadores explotados. Y la lucha había vuelto a empezar. Más terrible, más dura, más inclemente. Sin compasión, sin cuartel. Y más terrible porque ya no se tenían esperanzas sino en una revolución transformadora que derribara por completo la podredumbre del Estado, que hundiera en la nada las diferencias clasistas. Y esta revolución –con el enemigo preparado, teniendo en sus manos todos los resortes del poder– era dura y difícil.

Sobre todo en la gran ciudad fabril, en la población tendida entre el mar y la montaña donde todas las inquietudes revolucionarias tienen fácil asiento, donde los hombres se mueven y vibran a impulsos de los más nobles ideales hermanos, la represión había alcanzado caracteres trágicos.[34] Los viejos procedimientos terroristas, vergüenza

---

[34]   Se refiere a la ciudad de Barcelona, que fue una ciudad industrial («fabril») y el centro de actividad anarquista. En 1939, junto con Valencia y Madrid, fue de los últimos baluartes republicanos y cayó a las fuerzas franquistas en enero de 1939 (Jackson 509).

de un pueblo civilizado, habían vuelto a tener plena efectividad. Los trabajadores eran perseguidos con saña, con ansias de exterminio.

La plutocracia local –la más incomprensiva y brutal de la nación– espoleaba sin cesar a la policía. Los periódicos –sumisos instrumentos de quienes les pagaban– incitaban a las autoridades a una política que diera al traste de una vez con las organizaciones obreras que estorbaban la tranquila digestión de los grandes fabricantes.

Además, la burguesía había encontrado al hombre que necesitaba. Durante unas semanas lo estuvo buscando. Y al fin lo encontró. Hombre siniestro de alma retorcida, presto a siempre encontrar motivos legales para toda acción violenta contra los obreros; jorobado de cuerpo y alma, fiel servidor de una plutocracia que le pagaba bien sus servicios y le halagaba sin descanso.[35]

Bajo el mando de este hombre, de este instrumento ciego de la plutocracia, la represión adquirió características tan dolorosas, que en más de una ocasión la sensibilidad ciudadana hubo de estremecerse, atormentada, ante el relato de alguna de las muchas atrocidades cometidas.

Al recordar esto, al acudir a su memoria los nombres de los compañeros caídos, de los trabajadores asesinados, Antonio sentía latir en su pecho un odio que le incendiaba la sangre, que le asfixiaba casi. El mismo odio que inflamara sus pechos jóvenes cuando en sus mentes surgiera la idea del atentado, de los disparos que eliminaran una vida perturbadora cuyo sueño era terminar con los obreros organizados.

Y al llegar aquí, los recuerdos de Antonio adquirían un tinte amargo. Era la evocación de las primeras entrevistas,

---

[35] Obsérvese la correlación entre el cuerpo desfigurado y los principios torcidos. Valdría la pena hacer un estudio sobre la concepción del cuerpo durante el primer tercio del siglo XX desde la perspectiva de Estudios de Discapacidad.

las reuniones de los cinco conjurados, a las que ya asistía aquel López que les había traicionado. El recuerdo del nombre, de la figura repulsiva del traidor del confidente, hacía crisparse las manos de Antonio con ansias de apresarle entre sus manos y estrangularle.

López se había mostrado decidido. Era quien con más entusiasmo hablaba del atentado, el que parecía más indignado por la salvaje represión de aquel gobernante. Más indignado, aun, que él mismo; que el propio Juan, lleno de impulsos vengadores. Ahora sí, cuando ya había pasado todo, advertía ciertos detalles que cuando se produjeron no les dio la menor importancia determinadas incoherencias, algunos temores, la sorpresa –algunas noches al retomar a casa– de la policía siguiéndole los pasos, como advertida de lo que se tramaba. Y, sobre todo, el dinero en abundancia de que disponía.

Ahora sí veía claro; ahora ya comenzaba a darse cuenta de todo. Pero ya era tarde. La traición estaba consumada. El atentado estropeado. Y Juan –el pobre Juan, lleno de entusiasmos revolucionarios– muerto en la sala fría de un depósito de cadáveres.

Al fin pudo Antonio dormirse. Comenzaba ya a clarear cuando logró conciliar el sueño.

III

Antonio se despertó, avanzada ya la mañana. Por la ventana entraba, hasta el centro de la habitación, un dorado sol invernal. Se vistió rápido.

En la habitación contigua estaba Pedro. Sentado ante una mesa, leía los periódicos de la mañana. Antonio se acercó. Sin moverse, el compañero le entregó un diario, órgano revolucionario en cercanos días. Antonio leyó. Hablaba extensamente de lo ocurrido la tarde anterior. Comentaba, con acritud, con odio, la actitud de los anarquistas, de los atracadores, como les llamaba. Y pedía, exigía de la policía, que buscase afanosamente a los que habían conseguido escapar para que los entregase al verdugo.

Pero no era esto lo interesante. Lo mismo decían los periódicos de la noche. Igual pedían los demás diarios de la mañana. Lo interesante para Pedro, para Antonio, para todos, era el comentario del general Murcia, del anciano militar símbolo vivo un día de las inquietudes revolucionarias de su pueblo, de los anhelos libertadores de su raza. Era un tipo interesante. Un día, afanoso de servir a su patria, abandonó el ejército para entregarse al pueblo; otro se sublevó contra las tiranías que asfixiaban a su patria. Tuvo que huir; vivió en el extranjero, preparando el movimiento revolucionario, en contacto con los elementos avanzados. Figura noble, gloriosa, la suya, ídolo del pueblo en los momentos de exaltación, cuando consiguió derribar para siempre la odiosa dictadura monárquica. Pero ahora, sin embargo, el general, defendiendo el puesto alcanzado, decía refiriéndose a Juan, a los cuatro anarquistas:

— Hay que terminar con esos bandidos, que viven del atraco, que a veces se injertan en las organizaciones obreras para corromperlas y que utilizan el carnet como ganzúa.

Luego anunciaba que asistiría, presidiéndola, a la manifestación que se formaría para asistir al entierro de los policías muertos.

Antonio, al leer aquello, sintió rabia, asco, dolor. Había vivido en la emigración al lado del viejo general; había sufrido junto a él persecuciones y angustias. Hasta hambre.

Días angustiosos cuando la dictadura parecía invencible y en la emigración no había qué comer; cuando ante los emigrados se cerraban todas las puertas. Y cuando sólo de las pesetas que los amigos enviaban desde la patria distante se conseguía comer.

¡Cómo revivía en la memoria de Antonio toda aquella época! Y los días en que el viejo general no murió de hambre gracias al dinero que Juan les envió desde la patria. ¡Y ahora se atrevía a llamarle atracador! Quizá tuviera razón; acaso Juan hubiera cometido algún atraco. Pero no fue para lucrarse personalmente con el dinero. Atracó, sí, a un funcionario, a un personajillo de la dictadura caída, quitándole un dinero –que antes le había sido robado al pueblo– y enviándoselo a los emigrados para que pudieran comer. De aquel dinero se había mantenido durante algún tiempo el general expatriado. ¡Y ahora, en cambio!...

Pero la indignación duró poco. Había muchas cosas que hacer. No se podía permanecer con los brazos cruzados. Entró a ver a Felipe. Estaba mejor. El médico había acudido a primera hora para levantarle el apósito. Durante la noche había tenido un poco de fiebre. Pero la herida presentaba excelente aspecto.

Preguntó a un buen compañero por López. No había huido. Explicaba en forma un tanto lógica su tardanza en llegar al bar. Había tenido una riña; los municipales les detuvieron durante unas horas. Como prueba de su inocencia –aparte de unos juramentos y unas lágrimas–, presentaba un ojo amoratado. Los compañelos le habían creído; pero, por un resto de desconfianza, no le habían dicho dónde se escondían Pedro, Antonio y Felipe.

Antonio meditó unos instantes. Había que vengarse. Atraerlo a una emboscada y matarlo fríamente, canallescamente, como se merecía aquel traidor. Su odio a los gobernantes se había transformado en ansia terrible de acabar con aquel miserable que les había vendido.

Los gobernantes, los plutócratas, cumplían con su deber de clase persiguiéndolos, asesinándolos en la calle.

Pero aquel López, víctima como ellos de la explotación capitalista, hermano de luchas y fatigas que era capaz de venderse por un puñado de pesetas; aquel traidor que entregaba a sus hermanos a cambio de un pedazo de pan, no merecía compasión. Había que pisotearlo como a un sapo inmundo, cuya baba envenenaba a cuantos pasaban a su alrededor.

Pero tenía que ser pronto. La policía les seguía los pasos. Tenían ansia de vengarse, de encontrar a los huídos [*sic*], de entregarlos al verdugo, como pedía toda la prensa plutocrática. Era preciso huir, alejarse pronto de la ciudad inquieta, ponerse fuera del alcance de los colmillos reaccionarios.

Durante largas horas Antonio meditó. Se puso de acuerdo con Pedro. Ultimaron los detalles. Luego, atardecía ya, salieron a la calle. El dueño de la casa, buen compañero, les había dicho ya dónde podían encontrar a López.

IV

Barrio del puerto, sucio y maloliente, donde los maleantes hallan fácil cobijo. Callejuelas retorcidas y húmedas, por donde los provincianos —saturados de mala literatura— se aventuran con el temor pintado en los ojos, esperando tras cada esquina la puñalada mortal.

En el límite de la barriada, junto a la gran vía, cuyos faroles parecen trazar la línea divisoria entre la ciudad industrial que lucha y se afana, y el barrio maldito de los choriceros y las prostitutas, un bar. Escondido, semidesierto.

Allí fue Antonio a buscar a López. Sabía que éste, fingiéndose perseguido, rehuía los lugares frecuentados. Y que lo encontraría allí. Un momento, antes de ir, temió un lazo. Pero no. López tenía que alejar las sospechas; bien sabía que si públicamente se confirmaba que era confidente, aunque matasen a Antonio, aunque prendieran a Pedro, moriría a manos de cualquier compañero. Todo lo perdonaban los anarquistas, menos la traición, al canalla que por unas pesetas era capaz de vender a sus hermanos de clase y de lucha.

Entró Antonio en el bar. En un rincón, solo y meditabundo, López. Antonio sintió un ramalazo de locura. Por sus ojos cruzó un deseo asesino. Con furia, apretó pistola, preparada ya en el bolsillo. Pero se contuvo. Matarle allí, sería entregarse a la policía. Y, además, había que convencerse de la traición.

Se acercó. Al verle, López se puso en pie, pálido y nervioso. Antonio le saludó amistosamente, como si nada sospechara. Comenzaron a hablar. Hábilmente fue haciendo preguntas y sacando deducciones. Pronto no le cupo la menor duda. Y las que pudieran quedarle desaparecieron cuando, en un movimiento brusco de López, pudo ver, aunque estaba tapado con el chaleco, un magnífico alfiler de corbata.

Llegó Pedro. Durante un buen rato hablaron. De lo ocurrido, de la herida de Felipe, de las posibilidades de fuga. Mientras, se había ido haciendo de noche. Sobre la ciudad caía ahora una lluvia fina y fría.

Salieron. López quería ver a Felipe. Antonio lo había supuesto. De antemano un taxi –con un buen compañero chófer– estaba convenientemente apostado. Al ver que llovía, Pedro dijo:

— Está lloviendo. Vamos a tomar un taxi.

— ¿Tan lejos está?, preguntó extrañado López.

— Sí, un poco lejos.

El auto se puso en marcha. Rápidamente atravesó la ciudad. Desde el mar hasta la montaña. Comenzó a trepar por los contrafuertes de la cadena montañosa. Durante el trayecto no hablaron una palabra. Al observar el lugar donde se encontraban, López preguntó un poco asustado:

— ¿Pero dónde vamos?

— A buscar a Felipe, replicó Antonio.

Siguieron la marcha. De pronto, el auto se detuvo. Estaban en plena montaña, en medio de un espeso pinar. Pedro dijo:

— Aquí es.

López, receloso, bajó mirando asombrado en torno suyo:

— ¿Dónde?

Retrocedió espantado. En la mano de Antonio brillaba una pistola:

— ¿Qué significa esto?, balbuceó.

— Significa, replicó Antonio, que conocemos tu traición, y que vas a pagarla ahora mismo.

Intentó protestar. Durante un rato, con voces, con lamentos, con lágrimas, trató de convencerlos de su inocencia. Luego, cuando vio ante sí, fríos e inconmovibles, a los tres hombres pistola en mano, quiso convencerlos por el dinero:

— Si me dejáis, si no me matáis, os daré lo que os dé la gana...

Antonio le interrumpió:

— ¡Basta ya! ¡No queremos nada! ¡Matarte únicamente, aunque con tu vida no pagas lo que has hecho!

López hizo un supremo esfuerzo, una llamada a la valentía de los ex compañeros:

— ¿Pero me vais a matar así, cobardemente? ¿Entre tres y estando yo desarmado? ¿En una emboscada y por la espalda?

Antonio le atajó:

— Sí, de noche y por la espalda, como un perro, como tú te mereces...

Por la mente enloquecida de López cruzó la idea de la fuga. Dio un salto y comenzó a correr con rumbo al pinar cercano. Pero no tuvo tiempo de llegar. Sonaron tres tiros. Y López, herido por la espalda, cayó redondo, revolcándose en el barro.

Antonio se acercó al herido. Lo examinó durante unos segundos. Luego:

— Está bien muerto. Vámonos.

* * *

Al día siguiente, la Prensa daba la noticia del hallazgo en plena montaña de un hombre acribillado a balazos. La policía no supo —o no quiso decirlo— de quién se trataba. Pero por la gran ciudad, por los medios obreros, cruzó rápida la buena nueva de la justicia ejemplar.

Mientras, los tres anarquistas cruzaban la frontera. Otra vez la emigración. A seguir luchando desde el extranjero por la revolución libertadora.

Eduardo de Guzmán

Bibliografía citada para *El confidente*

Caudet, Francisco. *Las cenizas del fénix: la cultura española en los años 30*. Madrid: La Torre, 1993.

González Calleja, Eduardo. *La España de Primo de Rivera. La modernización autoritaria 1923-1930*. Madrid: Alianza, 2005.

Jackson, Gabriel. *The Spanish Republic and the Civil War, 1931-1939*. Princeton: Princeton University Press, 1972.

O'Leary, Catherine. «Staging the Revolution: The *Nosotros* Theatre Group and the *teatro proletario* of the Second Republic.» *Modern Language Review*, vol. 112, no. 3, July 2017, pp. 611–644.

Precedo, José y Francesco Manetto. «La proclamación de Felipe VI se vive en los balcones de Madrid» *El País*, 19 junio 2014. Consultado el 28 de junio < https://elpais.com/politica/2014/06/19/actualidad/1403161502_550952.html>

Preston, Paul. *A People Betrayed. A History of Corruption, Political Incompetence and Social Division in Modern Spain*. New York: Liveright, 2020.

Martínez Riaza, Ascensión. «Espacios de sociabilidad y propaganda. La apuesta por España del peruano César Falcón, 1919-1939.» En *Redes intelectuales y formación de naciones en España y América latina (1890-1940)*. Coord. por Manuel Pérez Ledesma y Marta Elena Casaús Arzú. Madrid: Ediciones de la Universidad Autónoma de Madrid, 2005. Págs. 421-450.

Muro-Pereira, Carmen. *Culturas de España*. Boston: Heinle, 2003.

Roig, Josep. *Historia de Barcelona: desde su fundación al siglo XXI*. Barcelona: Primera Plana, 1995.

Thomàs, Joan Maria. *José Antonio Primo de Rivera: The Reality and Myth of a Spanish Fascist Leader*. Barcelona: Editorial Debate, 2017.

Tusell, Javier. *Alfonso XIII: El rey polémico*. Barcelona: Taurus, 2012.

La novela proletaria

25 cts

¿dónde está dios?

CÉSAR FALCÓN

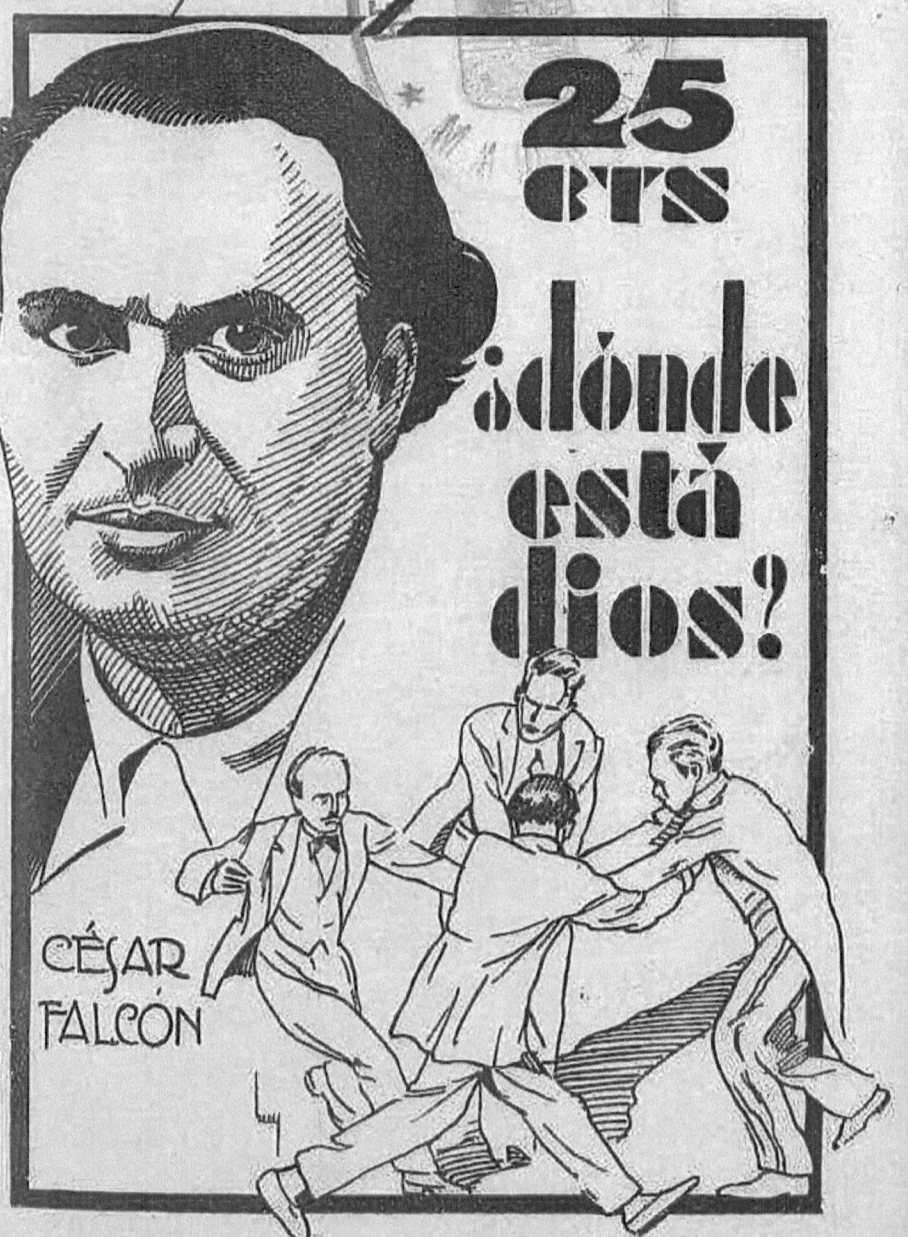

¿Dónde está Dios?

César Falcón

LA NOVELA PROLETARIA

PUBLICACION SEMANAL

Director: AUGUSTO VIVERO

| Año I |  | Núm. 12 |

¿DONDE ESTA DIOS?

por

CÉSAR FALCÓN

Portada de GUY

EDICIONES LIBERTAD

Calle de Roma, 41

MADRID

I

Cuando Juan Sánchez entró en su casa, de regreso del Sindicato, eran más de las diez de la noche. Su mujer estaba en la cocina, lavando unos trapos en un cubo de latón. Ni siquiera levantó los ojos para ver a su marido. Siguió fregando y restregando los trapos en el dorso de las manos con tanta fuerza como si quisiera triturarlos. Juan Sánchez se sentó, desplomándose, en una silla baja y se quedó perdido en una meditación inconsciente. [36]

— ¿Qué haces?

— Ya lo ves, lavando la ropa de los niños. ¡Me rompo las manos para quitar la porquería que recogen estos condenados!

Juan Sánchez le contestó con un gruñido. La queja airada de su mujer le pareció justa e injusta al mismo tiempo. Pero se dió cuenta del estado de ánimo de ella y no quiso discutir el caso.

— A esos diablos no les importa nada su madre. Mira tú que me rompo la garganta diciéndoles que no se revuelquen, que cuiden la ropa. ¡Y como si nada! Se pasan el día arrastrándose por el suelo y yo tengo ahora que destrozarme las manos para quitar tanta mierda. ¡Es para matarlos!... [37] Y como si fuera poco, ahora otro crío...

— ¿Otro?, gritó Juan como despertándose.

---

[36] Obsérvese el extremo agotamiento de los dos personajes.

[37] Obsérvese la animalización y falta de cariño entre los personajes aquí y en las siguientes líneas. Los adultos gruñen y sueltan palabrotas; los niños se arrastran por el suelo, y la madre emplea expresiones de agresión física (matarlos, tirarse por la ventana, estrangularlo).

— Sí, otro, gruñó su mujer. Hace ocho días que debía haberme venido la sangre y no ha venido. ¡Figúrate cómo tendré el humor! ¡Cinco hijos! ¡Es como para tirarse por la ventana!

El marido se levantó bruscamente, dió unos pasos hacía la habitación sin decir una palabra. La mujer continuó frotando rabiosamente los trapos sin ocuparse de él. Sus manos estrujaban los andrajos como si quisieran vengar en ellos unas terribles ofensas. Juan Sánchez volvió a sentarse, hundió la cabeza entre las manos y se quedó así largo tiempo, mientras la mujer continuaba en silencio su frenético trajín.

Así estaban cuando entró un chiquillo tripudo de unos cinco años, cubierto hasta el vientre por una camisita mugrienta y desnudo lo demás de su cuerpo.

— Madre.

— Qué quieres?

— Tengo hambre...

— ¡Hambre! ¿No has tragado ya? ¿Te has creído que voy a darte de comer ahora? ¡Fuera de aquí!

— Tengo hambre, madre...

— ¡Márchate de aquí, condenado! ¡Anda! ¡Ya te estás marchando!

El niño, sin moverse, comenzó a gemir.

— Tengo mucha hambre, madre...

— ¡Es para estrangularlo! ¡Márchate te digo! ¡Si no marchas te voy a romper el culo a palmazos!...

Juan Sánchez levantó la cabeza y fijó la mirada en el niño. Luego, se volvió hacia su mujer...

— ¿Habéis cenado?

— A las cinco de la tarde se han hinchado de patatas... ¡La tía esa de la calle de Poza me tuvo hasta las dos de la tarde fregándole los suelos y luego me dió dos pesetas![38] ¡Y la muy bruja se apresuró a decirme que me fuera, con el pretexto de que había terminado, porque ya iban a servir la comida y sin duda creía que yo me iba a quedar a comer!... ¡Ya ves! ¡Dos pesetas! Y vine corriendo... Tuve que tomar el Metro porque estaba rendida... me quedó una setenta.[39] Compré dos kilos de patatas y les hice guisado... ¡Todavía tuve que comprar un real de carbón...![40]

El niño volvió a gemir...

— Tengo hambre, madre...

La madre se volvió a él furiosa:

— ¡Cállate, maldito!... ¡Me vais a volver loca!...

Después, modificando el gesto se dirigió a su marido:

— Ahí tienes tu parte... Todos esos han comido hasta reventar. ¡Figúrate! ¡Dos kilos de patatas para cuatro críos! Yo apenas las he probado... Cuando pasan tantas horas sin comer se me quitan las ganas. Estaba en ayunas. La tía bruja tomó el desayuno en la cama y me mandó decir con la criada que le [sic]diera bastante brillo a los pasillos...[41] Esto sí; pero no fué para decirle que me diera un poco de agua caliente...

Juan se levantó a coger el cacharro donde se guardaba el resto de las patatas, y le ordenó suavemente al niño:

— Llama a tus hermanos...

— Están jugando en la esquina...

— Bueno. Diles que vengan...

El niño salió tambaleándose y regresó después de un rato enrolado en un grupo de cuatro chiquillos harapientos. La turba infantil llenó la cocina de voces imprecisas y de sorbidos de nariz.

[38] La mujer de Juan trabaja limpiando las casas de familias adineradas, y le pagan una miseria. «La tía esa» es una forma peyorativa de referirse a una mujer; su uso aquí demuestra la exasperación que siente la esposa de Juan ante su situación económica.

[39] Una peseta con 70 céntimos. Es decir, el metro le costó 30 céntimos.

[40] Un real eran 25 céntimos; el carbón era necesario para la estufa que calentaba la casa y servía de cocina.

[41] «le» debe ser «les» para concordar con «pasillos».

— ¿Para qué les llamas?, gruñó la mujer. Déjales allí. Siquiera nos dejarán en paz hasta la hora de dormir...

— Nada, murmuró Juan.

Colocó la cazuela sobre la silla y, dirigiéndose a los niños, murmuró:

— ¡Andad!... Comeros esto...

Los niños se precipitaron ansiosos sobre el amasijo de patatas, disputándose los trozos con la vehemencia de llevárselos cuanto antes a los dientes. La mujer dejó de lavar, sacudió enérgicamente sus manos y se encaró a su marido:

— ¿Estás loco, Juan? ¿Y qué vas a comer tú? Ellos han comido esta tarde... Ya te lo he dicho... ¿Quieres morirte de hambre? Tú también necesitas comer...

— Déjales. Ya comeré mañana.

Sacó un cigarrillo, comenzó a liarlo lentamente. La mujer se acercó a los chiquillos que se apretaban en torno a la cazuela:

— No riñáis. ¡Estos críos! ¡Espera, Juanito! Yo os lo voy a repartir... Mira: esto para ti. Para ti, esta otra parte... Así... Todos podéis comer... Y en cuanto terminéis, a la calle, a la calle, hasta que os llame.

Luego, remangándose de nuevo, volvió al trajín del lavado, murmurando:

— ¡Qué vida esta tan perra!... ¿Para qué habremos nacido? ¡Más nos valiera morirnos de niños! ¡Qué felices han sido esos dos niños que se me han muerto!... ¡Tonta fui llorarlos tanto!... [42]

---

[42] Por muy antipática que la mujer haya sido con sus hijos, aquí se demuestra que no es un monstruo y que la muerte de un hijo le produce gran angustia.

II

La mujer sacudió sus manos mojadas sobre el cubo con un ademán de cansancio, recogió rápidamente los enseres y fué a sentarse, renqueando, vecina a su marido. Sánchez percibió su vecindad con indiferencia. Estaba profundamente hundido en unas meditaciones imprecisas e indescifrables. Su mujer pensaba también por su cuenta en varias cosas concretas:

— ¡Qué vida esta tan perra! exclamó la mujer para romper las preocupaciones de su marido. Yo no sé para qué hemos nacido... Te lo digo en serio: a veces me dan ganas de tirarme por la ventana.

— ¡No digas tonterías!

– Serán tonterías. ¿Pero tú crees que esto es vivir?

— Esta es la vida de todos los explotados, de los trabajadores...

— Si al menos tuviésemos trabajo...

— Esta es la última iniquidad del capitalismo. El capitalismo nos explota, nos aniquila, nos exprime para acumular riquezas y cuando sus propias contradicciones disminuyen la acumulación, nos lanza a la calle a morirnos de hambre... El fin único del capitalismo es la acumulación de la riqueza en unas pocas manos. Si las necesidades de la acumulación lo permiten, nos da a los trabajadores unos cuantos mendrugos; pero si aún le hace falta ahorrar estos mendrugos para no disminuir sus ganancias, nos deja morir de hambre...[43]

— Yo, hijo, no entiendo bien esas cosas.[44] Pero lo que yo sé es que a mí me enseñaron de pequeña que pidiéndole

---

[43] Esta dura crítica del capitalismo va a la par con la crítica del aburguesamiento que declaraba la izquierda radical.

[44] Obsérvese que la mujer se mantiene al margen de los temas políticos y ni siquiera hace un esfuerzo para entenderlos.

a Dios todos los días el pan nuestro de cada día, nunca nos faltaría... Y ya me he cansado de pedírselo. Aunque me condene, yo no rezo más... La bruja esa de Goya[45] me pregunta siempre si voy a misa todos los días, si me confieso... ¡Me dan ganas de ahogarla...! Pero después me hace fregarle todos los pasillos por dos pesetas... ¡Hay que estar bien con Dios, hija mía, para salvar nuestras almas!, me dice la muy canalla... ¡Pero no es para decirme: toma esta peseta para tus hijos... ¡Ca, eso no! ¿Cuántos hijos tienes? Hazlos muy religiosos; que aprendan a temer y amar a Dios... ¡Como si a Dios le importara que se mueran de hambre!... ¿Dónde está Dios?[46]

— Dios es una invención de los ricos... Han inventado esta superstición para que los pobres se dejen explotar mansamente.

— Yo no sé quién lo ha inventado ni para qué. Yo no sé sino que cuando no tengo qué darles de comer a mis hijos, aunque me arrastre de rodilla pidiéndoselo, mis hijos se quedan sin comer... ¡Ya no me importa que sea pecado o no lo sea! Pero yo no creo que haya Dios...

— No lo hay, efectivamente...

— ¿Si no lo hay, qué vamos a hacer los pobres?

— La revolución...

— Eso va para largo... Antes nos habremos muerto todos de hambre...

— No importa. Ese es nuestro destino; para eso hemos nacido. Los trabajadores no tienen más fin en el mundo que

---

[45] Se refiere a otra mujer cuya casa limpia. La Calle de Goya se encuentra en el Barrio Salamanca de Madrid, un barrio aristocrático construido a mediados del Siglo XIX donde vivían burgueses acomodados. En la actualidad sigue siendo un barrio adinerado.

[46] Obsérvese que, en este diálogo entre Juan y su mujer, los personajes niegan la existencia de Dios, de este modo exponiendo, si no la opinión corriente entre la clase trabajadora, por lo menos la ideología de los anarquistas y una gran parte de la izquierda en oposición a la burguesía que era principalmente practicante. Nótese que a la mujer de Juan le habían criado en el catolicismo y hay una relación entre su estado económico y su falta de fe.

hacer la revolución. La revolución es nuestro deber, nuestra religión, la razón de nuestras vidas. Hemos nacido para vivir para ella y morir para ella. No importa que nosotros suframos y muramos de hambre, que nos maten a tiros como a perros... ¡No importa! La revolución nos redimirá al fin... Si no a nosotros, a nuestros hijos, a nuestros nietos... La revolución tiene que acabar algún día con esa clase maldita que nos oprime, que nos estruja, que se alimenta con nuestra sangre...

— No sé, hijo; no sé. Yo también pienso muchas veces... Pero veo a mis hijos que están lampando de hambre y tú no encuentras trabajo y yo me rompo las rodillas fregando suelos y nada... ¡Cuánto dolor cuesta conseguir un pedazo de pan!... ¡Si tú encontraras trabajo!... Yo he pensado una cosa... Escucha... ¿Tú [sic] padre no fué compañero de trabajo de Largo Caballero?...[47] Tú [sic] padre fué como fué y yo no lo crítico. Tú también tienes tu carácter... Pero no se trata de nada malo. Pedir trabajo no es malo.[48] Yo les oigo a esas de la calle de Génova donde voy a asistir que hablan siempre de pedir recomendaciones para éste y el otro... ¿Por qué no vas a ver a Largo Caballero? Le hablas de tu padre... ¡Por muy ministro que sea ahora, él también ha sido obrero y sabe lo que es esta vida!... Le dices la verdad... Cómo estamos... Cómo éstos... Su mujer no ha ido toda la vida en automóvil y ya habrá fregado también lo suyo... Tú sólo vas a pedir trabajo... Con una recomendación de él puedes encontrar trabajo enseguida...

Juan se quedó en suspenso, mirando a su mujer y sin poder articular una sola palabra. Estaba ante su mujer como ante un ser de otro planeta. La miraba y la remiraba hip-

---

[47] Francisco Largo Caballero (1869-1946) fue Secretario General de la UGT y Ministro de Trabajo durante la Segunda República (Sinclair 223).

[48] A pesar de ser la mujer la que tiene fama de ser irracional y dejarse llevar por las emociones, como se comenta explícitamente en el capítulo V de la novela, aquí es la que, irónicamente, se guía por la razón.

notizado. Nunca en su vida había oído nada tan sorprendente.[49] Su mujer sin duda le creyó convencido, porque, brillantes los ojos, insistió interrogativa:

— ¿Qué te parece?

Esta pregunta cayó sobre Juan como una descarga eléctrica.

— ¡Largo Caballero es un traidor![50]

Su mujer no descubrió las innumerables opiniones concretadas en este grito.[51]

— Yo no sé nada de estas cosas... Yo sólo veo que ahora puede servirnos... Si tú le hablas de tu padre, seguramente se recordará... Además, no le vas a pedir nada deshonroso...

Juan comenzó a darse cuenta de la situación con relativa claridad.

— Es que yo no soy un traidor...

— Tú eres un albañil con cuatro hijos y sin trabajo... Y ahora, ya ves, otro... Otro hijo más... ¡Cinco hijos!... Aún no le he sentido y ya me quema el vientre...

— Pero... ¿estás segura?

— ¡Si lo estoy!... Ya he sentido ese cansancio, esa fatiga que me da siempre los primeros meses... ¡Qué asco!... ¡Si pudiera arrancármelo!...[52]

— ¡Es horrible!... ¡Horrible!

Juan se levantó con un arranque desesperado y comenzó

---

[49] Juan es impulsado por el orgullo y no puede concebir la idea de pedirle nada a un hombre que ha traicionado la causa obrera.

[50] La izquierda vio a Largo Caballero como un traidor a la causa obrera y uno de los políticos que se aburguesó, como veremos también en la novela proletaria de Hildegart. Igual que en *El confidente*, se aprecia el valor de la fidelidad a la causa obrera y una dura crítica a quienes la abandonan.

[51] Observamos aquí la diferencia en actitud entre el hombre y la mujer. Este responde al problema desde la perspectiva de su lugar en la esfera pública, mientras que la mujer se preocupa desde la postura tradicionalmente asignada a su género—la de la esfera privada del hogar.

[52] Aquí la mujer insinúa que abortaría si fuera posible, pero no está claro si lo está diciendo con una intención literal ya que también dice que se tiraría por la ventana. Literal o no, su comentario delata el rechazo que muchos obreros sentían por la doctrina católica y, de hecho, esto se observa en el título de la obra.

a pasearse en el reducido trecho de la cocina. Su mujer quedóse sumida en una desesperación silenciosa e inmóvil.

III

Juan Sánchez entró un poco desorientado en la taberna. Buscaba a alguien, pero lo buscaba con visible indecisión. Como si quisiera no encontrarle. Su mirada iba lentamente de un grupo a otro, pasando revista a las cosas. En un rincón, desplomado en una silla, ante la mesa de madera en la cual se imponía la nota roja de una botella de vino, estaba el tío Paco, maestro albañil. Su mirada perezosa enfiló a Juan entre la turba de parroquianos, le incitó con un guiño a acercase a su mesa.

— ¿Qué haces tú por aquí? Siéntate y toma un trago. ¿Qué vena te ha dado en venir?

— Buscándole a usted.

— Pues ya me has encontrado. Pero, ante todo, siéntate y bebe. Conmigo no se puede hablar a secas.

Juan tomó asiento frente al tío Paco, y solemnemente servido por éste se dispuso a beber un vaso de vino.

— Como supongo, dijo el tío Paco, que querrás hablarme, y no se necesita ser un lince para suponerlo, bebe antes, que esto aviva el cerebro de donde salgan las palabras... Porque las intenciones ya sabemos, de donde salen: del estómago...

Juan bebió lentamente, en silencio. El tío Paco, mirándole parsimoniosamente, le acompañó con su disertación.

— Bebe otro vaso, porque uno solo no es cantidad. En la vida lo más importante es la cantidad. La comida te alimenta según la cantidad, el vino te emborracha según la cantidad, la honradez es cuestión de cantidad. Hasta la Revolución es un problema de cantidad. La que nos hicieron en abril se ha quedado demasiado corta...[53] ¿Cuándo hacéis vosotros la vuestra?[54]

— En eso estamos...

— Procurad que no se quede corta... Las revoluciones, como las sábanas, no importa que resulten un poco largas... Cuanto más largas, mejor. Las lamentables son estas revoluciones cortas, cortitas, de funcionarios de segunda, que es en lo que ha venido a parar la República...[55] ¿Ves tú por qué yo no me meto en nada? Cuando ya se tiene algunos años, aunque uno tenga sus ideales, como es razón que los tenga todo ser consciente, sabe uno con quién se gasta los cuartos.[56] Por eso, yo a lo mío, y si algún día se ponen las cosas bien, a cobrar las deudas atrasadas... Desde que marché del socialismo no quiero saber nada. No he vuelto a poner los pies en la Casa del Pueblo...[57] ¿Para qué? Los que no tenemos la vergüenza en venta ni sabemos traicionar a nadie no tenemos nada que hacer allí...[58] Si algún día llega el momento de ajustar cuentas, ya hablaremos; si no, uno más que se fastidia... Pero vamos a otras cuestiones... ¿Cómo van las cosas en tu casa?

---

[53] Se refiere a la declaración de la Segunda República que se hizo el 14 de abril que pasó sin revolución como comentamos en la nota 28. Para información más detallada, ver el capítulo 2: «The First Days of the Spanish Republic» en *The Spanish Republic and the Civil War, 1931-1939* de Gabriel Jackson. Este comentario del tío Paco sirve como ejemplo de la crítica del gobierno republicano que refleja el propósito propagandístico de las novelas proletarias.

[54] Se refiere a la revolución obrera que formaba parte de la retórica de los anarquistas, comunistas, y otras facciones de la izquierda que estaban desilusionados con el aburguesamiento del gobierno de la República.

[55] Un funcionario es una persona que desempeña profesionalmente un empleo público (DRAE). Decir «funcionario de segundo» es una crítica de su valor y, por extensión, del valor del gobierno.

[56] Los cuartos son una moneda antigua; «gastar los cuartos» es una expresión coloquial que significa gastar dinero.

[57] La Casa del Pueblo eran sedes del PSOE (Partido Socialista de Obreros Españoles) y su sindicato la U.G.T. (Unión General de Trabajadores). Allí se reunían los trabajadores para fines sociales, educativos, y políticos. La sede madrileña era un modelo para toda España y se ubicaba en la Calle de Piamonte, 2 en el Barrio de Chueca (Holquin 33).

[58] Obsérvese la acusación de que los socialistas son traidores.

— A eso venía. La Toribia está embarazada...[59]

— Mal asunto... Cuatro bocas gimiendo al pie del fogón y una más en camino, es un programa de alivio... ¿Dónde trabajas ahora?

— Estoy parado.

— Lo de todos. Y ellos, hinchándose...[60] Yo no creo en Dios ni en otras invenciones de la burguesía... Pero hay lo que mi maestro llamaba la justicia natural. Algún día la pagarán...

Juan interrumpió el discurso.

— Yo quería verle a usted, porque como usted tiene tantos conocimientos, acaso podría arreglarlo con un médico. Nosotros no podemos tener un hijo más. Me ha dicho un camarada que hay médicos que hacen abortar, y como Toribia acaba de quedar embarazada, aún es tiempo.[61] Al hospital no podemos ir con ese negocio...

— Ni al hospital ni a ninguna parte. Hay médicos que hacen abortar, sí; los hay. Pero a las señoritas de la aristo-

---

[59] El empleo del artículo definido (aquí, «la») delante de un nombre de pila se considera un uso popular y rústico en España, aunque no en otras partes del mundo de habla española. Toribia es un nombre de muy poca frecuencia en España (https://www.ine.es/tnombres/formGeneral result.do?vista=3); viene del griego y significa «la ruidosa» (García Gallarín, 293).

[60] La perspectiva del tío Paco muestra la posición de los anarquistas: muchos obreros se encuentran sin trabajo mientras que los políticos socialistas, que habían pretendido interesarse por los trabajadores, acabaron dándoles la espalda y preocupándose por su propio avance político. De ahí, el concepto de traidor.

[61] Debemos recordar que la menstruación de Toribia se ha retrasado ocho días, es decir, una semana. Por lo tanto, lleva cinco semanas embarazada pero, como comentan los personajes, todo aborto era ilegal en España, aunque se practicaba de modo clandestino. En diciembre de 1936 se publicó un decreto en Cataluña legalizando el aborto (Simón Juárez, 526-527). El decreto fue iniciado por el doctor anarquista Félix Martí Ibáñez, director general de Sanidad y Asistencia Social de la Generalitat, y reconocía la voluntad de la mujer como motivo suficiente para practicar el aborto (Andrés Granel, 48). Vale la pena señalar que, desde 1934, el aborto terapéutico (cuando peligraba la vida de la embarazada) se consideraba lícito entre los médicos (Nash, 1988, 19 y 28).
Obsérvese que entre estos dos hombres se entabla una verdadera conversación sobre el aborto. La mujer en cuestión no está presente convirtiéndola así en objeto de la conversación, en vez de una persona con voluntad propia.

cracia. Si vas a uno de ellos: o le pagas dos mil pesetas o te denuncia por parricida...[62] Esa es la moralidad burguesa... La justicia natural cobrará todas estas cuentas que ya están haciéndose viejas... Yo no conozco a ningún médico... Al médico de mi sociedad sólo le he visto dos veces y no es asunto ese para proponerlo sin pisar terreno firme... ¡Cuando yo digo que aquí va a venir una hecatombe! ¡Tiene que venir! En la vida tiene todo su límite y ya hace rato que hemos pasado el de la paciencia del pueblo...

El tío Paco levantó ceremoniosamente su vaso de vino y fué vaciándolo en la garganta con solemnidad litúrgica. Juan hundía entretanto la cabeza en el pecho, aturdido por sus pensamientos.

— He oído hablar de algunas comadronas, recomenzó el tío Paco, después de restituir el vaso en la mesa y prevenirlo para una nueva libación.[63] Pero, además de que yo no conozco ninguna, no te lo aconsejo... De todos modos, el asunto es muy comprometido y lo mejor es no tratarlo. Hoy andan mal las cosas. La sociedad burguesa es muy hipócrita, y si ocurre algo, lo aprovecharían para hacer un escarmiento.[64] No quisiera verme envuelto en el negocio.

— ¿Qué podremos hacer entonces?

— Yo no te aconsejo nada. El asunto es bastante escabroso y a lo mejor se pilla uno los dedos. En estos negocios lo peor es siempre lo mejor. Si ya vas tirando con cuatro,

---

[62] El sueldo semanal era menos de 325 pesetas en la zona industrial de Catalunya antes de la Guerra Civil (Bricall Masip, 135). Esta cifra nos da una idea relativa de los sueldos de la época cara a los costes de un aborto.

[63] La acumulación de palabras con connotación religiosa (*libación, litúrgica* y *hecatombe*) en boca del tío Paco, que rehúsa ayudar a Juan, resulta irónica y apunta al abandono ante Dios que sienten Juan y Toribia y al resultante cuestionamiento de la religión propio del movimiento obrero. La comadrona es la mujer que tradicionalmente ayudaba durante el parto en casa antes de llegar el médico, o en su lugar. La combinación de referencias a la religión y la expresión del deseo de abortar dentro del mismo diálogo subraya el rechazo de la doctrina católica.

[64] Se puede deducir de este comentario que entre la clase burguesa se practicaba el aborto a pesar de no ser legal.

sigue tirando con cinco... Yo he tenido ocho y ya ves como han ido saliendo... La justicia natural nos arregla la vida mejor de lo que nos parece...

— Cuando se tiene el gozar que tiene usted se puede uno confiar en esa tontería de la justicia natural. Pero a ver qué voy a hacer yo con un hijo más. Cuando los cuatro que tengo se están muriendo de hambre.

Estas palabras de Juan opacaron un poco la mirada del tío Paco. Sin contestarle, levantó su vaso y bebió lentamente. Luego, con severidad, replicó:

— La justicia natural, para que tú te enteres, es la ley de la vida. Tú te quejas porque vas a tener cinco hijos. Lo primero es no haberlos hecho. El hombre debe asumir la responsabilidad de sus actos...

— Quien no tiene qué comer no puede tener responsabilidades.

El tío Paco contrajo su rostro con una sonrisa maliciosa.

— Tú eres un elemento disolvente, respondió con sorna. Como a ti te consta, yo he militado en el Partido Socialista y sigo siendo revolucionario. A mí no me asusta nada. Pero con esa teoría la sociedad se derrumbaría... Yo no estoy por eso... Cada uno tiene su deber y está obligado a cumplirlo. ¡No faltaba más! ¿Dónde iríamos a parar? Las cosas son como son y los verdaderos revolucionarios debemos cuidar de no destruirlo todo, porque entonces no hay revolución ni hay nada...

— Bueno, tío Paco, vamos al grano, contestó Juan exasperado. Usted no puede hacer nada, ¿no es eso?

— El negocio, como te he dicho, es muy escabroso, y un hombre consciente de su responsabilidad no puede complicarse así como así...

— Pues nada. A otra cosa.

Y se levantó de un golpe.

— Créeme que lo siento... Aunque no tengamos las mismas ideas, me habría gustado hacer algo por ti...

— Lo que no tenemos son los mismos intereses. Usted está bien colocado y tiene su dinerito. Eso es todo... Si fuera usted un verdadero proletario, ya hablaría y actuaría de otro modo... [65] Salud.

Volvió la espalda y se marchó a toda prisa.

— Anda con Dios, muchacho...

El tío Paco se quedó meneando lentamente la cabeza. Sin embargo, sintió un desagradable amargor de boca. Para curarlo bebió a sorbos otro vaso de vino.

IV

Cuando Juan entró en su casa encontró a su mujer y a sus hijos dormidos. Una de las pequeñas, acostada con la madre en la misma cama, se había escurrido hasta el borde y colgaba de medio cuerpo. Juan la cogió delicadamente y la fué colocando en su sitio. Su mujer despertó entonces bruscamente y le dijo en voz baja y rápida:

— Ten cuidado, ten cuidado... Si se despierta nos va a dar la lata. Antes de dormirse me ha estado dando la tabarra con que tenía hambre, que tenía hambre... Era para ahogarla...

Juan profirió un gruñido opaco y continuó arreglando la ropa de la cama sobre el cuerpo dormido de la niña. Su mujer comprendió perfectamente el sentido de este murmullo y se recogió toda ella, sumergiéndose en la almohada. El encogimiento de su mujer estremeció a Juan. Se sentó al borde de la cama, y sin poder contenerse, pasó suavemente la mano por la abatida cabeza de su mujer.

[65]   Juan distingue entre los proletarios que tienen medios y los que no, acusando a aquellos de no ser auténticos proletarios sino más bien burgueses.

— Ella no tiene la culpa...

La inesperada ternura de Juan conmovió más aún a su mujer. Muy raras veces se habían dado entre ellos tales manifestaciones. Toribia no las esperaba nunca, ni, en realidad, le agradaban. Pero en esta ocasión le estremecieron como no le habían estremecido nunca. Abrió bien los ojos y poco a poco fué incorporándose sobre la almohada.

— Ya no sé, ni lo que me digo –murmuró–. Pienso y pienso y no se qué hacer. Hoy he recorrido ocho casas y en ninguna he encontrado nada... Todas sólo quieren a la asistenta un día a la semana para hacerlas echar el alma por la boca... Si no hubiera sido por la de al lado, la Zenobia, que les ha dado al mediodía un poco de caldo de cocido, estos pobres hijos se habrían acostado en ayunas...[66] Felizmente, al marido de la Zenobia le dieron cuatro pesetas por blanquear una habitación, y con esas cuatro pesetas ha podido poner hoy un poco de cocido... Pero ella también tiene siete bocas...

— Es horrible...

La mujer se quedó un instante en silencio con la cabeza zambullida en el pecho...

— ¿Y tú?

— Nada. Hoy ha habido en el Sindicato ciento cuarenta y dos más sin trabajo... Lo inscriben a uno... Pero el Sindicato no tiene fondos para socorrerlo... Además, no puede hacer nada... En cuanto intente hacer algo, lo clausuran... Pronto tendremos que pasar a la clandestinidad...

— ¡Qué asco de vida...! Sigo pensando en lo que te dije... Anda a ver a ese hombre... Quizás te arregle algo...

— Eso es tremendo... Un revolucionario no puede hacerlo...[67]

---

[66] «en ayunas» significa «sin comer», de ahí la etimología de «desayunar», o sea, «romper el ayuno.»

[67] Para Juan, pedirle un favor a Largo Caballero sería traicionar la revolución obrera, ya que Largo Caballero la había traicionado antes.

— Pero nuestros hijos se van a morir de hambre...

— Iré con más gusto a pedir en los comedores de caridad.[68]

— Para eso también necesitas recomendación. Tomasa fué varias veces y no le dieron nada. Luego se consiguió la recomendación de la mujer de un diputado socialista, y desde entonces la dan un poco de bazofia. Peor que para los perros... La pobre tiene que cogerlo, porque ¡a ver! ¿Qué remedio le queda?... Eso otro a lo mejor resulta... Yo creo que no te compromete a nada...

— No me compromete; yo no digo que me comprometa... Me repugna... Un obrero que quiere trabajar no necesita pedir favores...

— Así debía ser... Pero después de todo tú vas a pedirle trabajo, nada más que trabajo...

— Sí, sí; pero los parados lo estamos pidiendo todos los días en la calle y no nos hacen caso...

— Quizás no haya para todos...

— Pues debía haber. ¿Cómo hay dinero para que los ricos vivan espléndidamente, cómo hay dinero para que los enchufados cobren miles de duros?[69] Ese dinero debía servir para socorrer a los parados, si esta República que se llama estúpidamente de trabajadores no se atreve a establecer el verdadero régimen de los trabajadores... Esta es una República de trabajadores al servicio de los capitalistas...

— Bueno, bueno... Pero anda a verle... No te cuesta nada... Siquiera por estas pobres criaturas, que no tienen la culpa de haber nacido... ¡Si tú supieras el dolor que me da tener ya otro en el vientre!... Me parece que es un crimen...

[68]   Un comedor de la caridad es un lugar público donde puede acudir la gente que no tiene dinero para comer. La conversación de la pareja indica que llevaba cierto estigma comer ahí y que la comida era poca y mala. No eran poco comunes, como podemos deducir del capítulo «El comedor de todos» que Carmen de Burgos incluye en su novela *La rampa* (1917).

[69]   Un *duro* equivalía a cinco pesetas.

Hubo un silencio prolongado. Al fin, Juan, casi para él solo, murmuró:

— Y lo es...

— Por esto, continuó musitando su mujer, debemos hacer cualquier cosa... Que tengamos siquiera cuando nazca un mal trapo en qué envolverle...

No hablaron más. Juan se quedó un largo rato como petrificado. Luego, cuando su mujer se desplomó rendida de sueño y dolor, se tumbó al lado de ella y se quedó con los ojos muy abiertos y la mirada perdida en la oscuridad.

V

Juan Sánchez subió titubeando las escaleras del Ministerio del Trabajo y Previsión Social. En el zaguán, un portero le había indicado el camino; pero antes de hacerlo había cuchicheado agitadamente con otro portero y hablado por un teléfono interior. Juan estaba asombrado. Las ordenanzas le salían al encuentro y lo fueron guiando hasta el antedespacho de la secretaría del ministro. Aquí se encontró con un funcionario cuya bien planchada solapa ostentaba la insignia de la Unión General de Trabajadores. Detrás de él, mirándole por encima de las dos mesas del antedespacho, otros funcionarios con iguales insignias. En el pasillo, grupos de gente con idéntica insignia o con la del Partido Socialista, y en un gran salón, cuya puerta entreabría a un lado del antedespacho, se veía una gran cantidad de gentes bien vestidas, sentadas en suntuosos butacones. Juan estaba aturdido entre tanta gente tan limpia, tan elegante, y todos, según las insignias, compañeros de trabajo y de clase.[70] El [sic] conocía a muchos obreros de la U.G.T. Pero nunca los había visto tan elegantes.

---

[70] Obsérvese la atención a las comodidades conseguidas con el dinero y el uso sarcástico de la palabra «compañeros».

El funcionario de la insignia, al verle, le salió resueltamente al paso.

— ¿Qué quiere usted?

— Yo quería hablar con el compañero Largo Caballero...

— Dirá usted con el señor ministro, ¿no es eso?[71] ¿Quién es usted?

Los ojos de Juan relampaguearon. Sin embargo, respondió:

— Soy oficial albañil.

—¿Para qué quiere hablar con el señor ministro?

— Mire usted. Estoy sin trabajo... El compañero Largo Caballero fué amigo de mi padre y yo quisiera pedirle una recomendación...

—¡Hum... ! ¿Quiere enseñamos su carnet de afiliado?

Juan mostró enseguida su carnet de la C.N.T.[72] Después la escena fué muy rápida. El funcionario cogió el carnet, dió unos pasos para ponerse a cubierto y se dirigió enérgicamente a varios porteros y ordenanzas, situados a la expectativa a un lado del pasillo.

—¡Cogedlo!

Los porteros y ordenanzas se abalanzaron sobre Juan y lo sujetaron por los brazos, las piernas, la cabeza. En todo el pasillo se levantó un vocerío de mercado. Se abrieron muchas puertas. Carreras. Gritos. Juan vociferaba y se debatía como un epiléptico. Las personas del salón se arremolinaron en la puerta. Catorce guardias de asalto y seis parejas de la Guardia Civil subieron rápidamente las escaleras en formación cerrada con las tercerolas apercibidas y blandiendo las pistolas. Juan fué atado de pies y manos y bajado

---

[71] Ver la nota 47 sobre Largo Caballero.

[72] La CNT (Confederación Nacional de Trabajadores) era (y sigue siendo) un sindicato anarcosindicalista; la UGT (Unión General de Trabajadores) estaba conectada con el Partido Socialista (PSOE). Falcón criticó duramente a Largo Caballero por arriesgar la unidad de la izquierda causando divisiones entre ellos (Martínez Riaza 441).

en vilo hasta el furgón. Aquella tarde los diarios tuvieron una información sensacional. Un pistolero sindicalista había intentado asesinar al ministro de Trabajo y Previsión Social.[73] La fotografía del funcionario, debido a cuya extraordinaria serenidad y valor se había evitado el atentado, se publicaba a gran tamaño en el centro de la información. Esa misma tarde las Cortes le concedieron por unanimidad una recompensa excepcional: 25.000 pesetas de gratificación y todos los jefes de minoría inmortalizaron en el «Diario de Sesiones», en nombre del país, sus felicitaciones al ministro y su gratitud al salvador.[74]

VI

Ocho meses después, el oficial de la cárcel dió un grito en el patio:

— Juan Sánchez.

Varios camaradas le ayudaron a levantarse, porque no podía mover una pierna. Salió renqueando hasta el locutorio de abogados, y allí, en presencia de dos funcionarios del Cuerpo de prisiones, el oficial del Juzgado le dió a firmar un papel.

— Se trata de tu libertad condicional. Tienes que presentarte todos los días uno y quince en el Juzgado. Si faltas uno, vuelves a venir aquí. Ya lo sabes.

Juan recogió en un lío todas sus cosas, firmó otro papel en las oficinas de la cárcel y salió. En la puerta, esperándole, estaba el tío Paco.

---

[73] Obsérvese el papel de la prensa, aquí y en las otras novelas proletarias estudiadas en la edición. Los diarios (es decir, periódicos) ofrecen versiones torcidas, o incluso, totalmente falsas de los acontecimientos. Los autores de las novelas proletarias están criticando los medios de comunicación que favorecen al gobierno.

[74] 25.000 (veinticinco mil) pesetas es una cantidad exorbitante para la época y señal del extremo al que están dispuestos a llegar los «traidores» y la burguesía para salirse con la suya.

— Ya ves lo que hemos hecho por tí [*sic*]... Tu mujer venga llorar y llorar, y al fin, como uno es un sentimental y se trataba de tí [*sic*], hice un esfuerzo... Ya sabes tú, que hace años que yo no hablaba con Largo Caballero. Fui a verle... Después de todo, aunque nosotros hayamos tenido nuestros más y nuestros menos, Largo Caballero es una buena persona. Hablamos de muchas cosas... Recordó que había conocido a tu padre y se ha interesado por tu libertad... Debes agradecérselo... Yo no he podido por menos y he reingresado en el Partido...[75] Los hombres debemos ser agradecidos... Ahora estoy en tratos para adquirir la contrata para construir una escuela... Pero ya hablaremos de esto... Márchate a prisa, que tu mujer está mala... No te alarmes, porque me lo ha dicho una mujer y ya sabes que las mujeres exageran...[76] Tú, claro es, no tendrás dinero. Toma para el tranvía. Los favores hacerlos completos o no hacerlos.

Sacó quince céntimos y los puso en la mano de Juan.

— No te detengas, por lo que pueda ser... Ya tendrás tiempo de darme las gracias...

Juan apretó las dos monedas de cobre hasta hacerse daño en los dedos. Vaciló un momento. Luego, sin decir una palabra, le tiró las dos monedas al tío Paco y se marchó renqueando por otra calle.

En la habitación había un silencio cavernoso, interrumpido, de cuando en cuando, por un alarido. Juan entró lentamente y se refugió en un rincón. Su mujer estaba en la cama. A su lado, vacilante sobre sus piernas, una vieja la atendía.[77] Al ver a Juan apenas hizo un leve movimiento de cabeza.

---

[75] Se refiere al Partido Socialista.

[76] Obsérvese que el estereotipo de la mujer con emociones exaltadas se establece de modo explícito y también mediante las palabras de Toribia. En contraste con esta exaltación y energía, Toribia es más bien pasiva a la hora de tomar acción.

[77] Esta mujer es la comadrona; era común que una comadrona asistiera al parto en lugar de un médico pues sus honorarios eran inferiores.

Juan le preguntó tímidamente:

— ¿Qué es?

La vieja respondió con acritud:

— Ya te lo puedes suponer: pariendo... Ha venido así, tan de repente, que no ha habido tiempo de llevarla a la Maternidad...

— ¿Los críos?

— ¡Anda tú a saber!... Se los han llevado entre las vecinas... ¡A ver!... ¿Qué iban a hacer aquí, muriéndose de hambre?

La mujer dió un nuevo alarido, y, enseguida, otro, y uno más con mayor violencia. La vieja se puso en seguida al trajín. Juan se apretó los ojos con los dedos y se refugió rápidamente en la cocina. Desde allí escuchó, anhelante, los gritos mordidos de su mujer y el trajín de la vieja. Los gritos cesaron de pronto, la vieja intensificó un instante su afán y gritó iracunda:

— ¡Ven aquí, hombre!... ¿Te has creído que lo voy a hacer yo todo? ¡Bastante caridad hace una!... Toma eso. Lávalo en la palangana... Allí he dejado agua caliente...

Juan se acercó a la vieja como un sonámbulo, cogió al niño gimiente en sus brazos y se marchó con él. En la cocina estuvo largo rato sin hacer nada, inmóvil, reconcentrado en un solo pensamiento. La carne tierna y palpitante del niño seguía gimiendo en sus manos. Juan no la oía. Ni la veía. La apretaba. Sin embargo, cerró los ojos con más fuerza. Al fin, como sacando la cabeza de debajo del agua, lo besó con toda su alma. Preparó la palangana y lo colocó en ella cuidadosamente. Luego, con dos dedos, le oprimió la naricita, hundió la delicada cabecita en el baño, cerró los ojos, con una fuerza desesperada, y se quedó así, rígido, oprimiendo la cabeza del niño en el fondo de la palangana.

Ya habían cesado desde hacía mucho rato los gemidos

del niño y aún percutían como martillazos en sus oídos.

César Falcón

Bibliografía citada para ¿Dónde está Dios?

Andrés Granel, Helena. «Mujeres Libres: emancipación femenina y la revolución social». *Germinal, Revista de estudios libertarios*. Núm. 2 octubre, 2006. págs. 43-57.

Bricall Masip, José Ma. *La industria catalana durante los años 1936-1938*. Spain, Centro de Estudios de Planificación, 1938.

Burgos, Carmen de. *La rampa* (1917). Edición de Susan Larson. Buenos Aires: Stockcero, 2006.

García Gallardín, Consuelo. *Los nombres de pila españolas*. Madrid: Ediciones del Prado, 1998.

Holguin, Sandie Eleanor. *Creating Spaniards: Culture and National Identity in Republican Spain*. Madison, Wisconsin: University of Wisconsin Press, 2002.

Jackson, Gabriel. *The Spanish Republic and the Civil War, 1931-1939*. Princeton: Princeton University Press, 1972.

Nash, Mary. «Género, cambio social y la problemática del aborto». *Historia Social*. No. 2 (Autumn, 1988), págs. 19-35.

Martínez Riaza, Ascensión. «Espacios de sociabilidad y propaganda. La apuesta por España del peruano César Falcón, 1919-1939.» En *Redes intelectuales y formación de naciones en España y América latina (1890-1940)*. Coord. por Manuel Pérez Ledesma y Marta Elena Casaús Arzú. Madrid: Ediciones de la Universidad Autónoma de Madrid, 2005. Págs. 421-450.

Simon Juarez, Inmaculada. *Mujer, asociaciones y sindicatos: Espana 1875-1939*. 1a ed. Alcorcon: Madrid, 2014.

Sinclair, Alison. *Sex and Society in Early Twentieth-Century Spain: Hildegart Rodriguez and the World League for Sexual Reform*. Cardiff [Wales]: University of Wales Press, 2007.

la novela
proletaria

¿QVO VA·
DIS BVR·
GVÉSIA?

Argüello

25
cs

HILDEGART

¿Quo Vadis, burguesía?[78]

Hildegart

---

[78] «¿*Quo Vadis?*» es latín para «a dónde vas» y anuncia desde el título la
crítica que hace Hildegart de la dirección del país. Obsérvese el estilo
altisonante que la palabra le otorga al título. Anuncia el estilo rebuscado
que empleará Hildegart a lo largo de esta obra, su única obra de ficción.
Esto resalta una contradicción entre el propósito popular del género y el
estilo altivo que emplea para expresar su mensaje. Gonzalo Santonja lo
describe como un «tremendamente desafortunado y melodramático
estilo» (1979, 18-19). Obsérvese el contraste de estilo entre esta novela
proletaria y las de Guzmán y Falcón.

LA NOVELA PROLETARIA

PUBLICACION SEMANAL

Director: AUGUSTO VIVERO

| Año I |  | Núm. 22 |

¿QUO VADIS, BURGUESIA?

por

HILDEGART

Portada de Argüello

EDICIONES LIBERTAD

Calle de Roma, 41
MADRID

—

Hay en el horizonte ennubarrado un gran interrogante.[79] Despegándose la burguesía por la sima sin fondo de sus vicios; arrastrando a ellos a los hombres más destacados del movimiento proletario para decapitar a éste, ignoramos cuál habrá de ser el destino de esa burguesía reaccionaria e intransigente. Del segundo no dudamos. Con o sin cabezas, con o sin leaders, habrá de imponerse en el curso de la historia, porque llega el momento inevitable de su triunfo y las leyes económicas son tan ineludibles como la de la Naturaleza.[80] Este esbozo, que no da margen la obligada restricción de páginas a una verdadera novela, no es más que una clave del por qué de muchas traiciones.

¿Cuál es el camino de nubes tormentosas, anunciando por malos augurios, que las aves han surcado con vuelos nefastos rodeando de las alimañas de las pasiones, de los recelos, que se destaca ante la burguesía y sus cómplices? Con los brazos de su pulpo gigantesco arranca las cabezas visibles del proletariado triunfante. Con unos u otros medios, desde la compra, que estimula el instinto avaricioso, hasta el afecto, que estimula una pasión morbosa. ¿Dónde irán vencedor y vencido? ¿A morir en el brazo fatídico? He ahí el interrogante que dejan en el aire como enseña de duda, de inquietud, las páginas que vais a ver desfilar ante vosotros.[81]

---

[79] La palabra «ennubarrado» no figura en el diccionario de la Real Academia Española ni en el Diccionario de Uso del español de María Moliner. Puede que sea una forma regional (Alarcón Arana). Además evoca una combinación de la tierra con el cielo (El mundo de lama, sin página). La imagen es muy visual y alude al ensuciamiento (el barro) de lo inasequible (el horizonte), o el ideal que no se alcanzará.

[80] Es difícil llegar a una conclusión acerca del efecto del uso del vocablo inglés, leader, sobre un lector obrero puesto que en 1931 «leader» y «líder» se empleaban con una frecuencia parecida: .000133% y .000154%, respectivamente, a diferencia de la frecuencia en 2008, el año más reciente para las estadísticas: .000032% (leader) y .003385% (líder) (Google n-gram).

[81] Obsérvese el uso de la forma culta de «He aquí» para expresar «Aquí

* * *

Don Pascual de Zarzamora era uno de esos señorones de la vieja política tradicional de nuestra España.[82] Educado en el culto fanático a una religión que le consumió sus iniciativas y le agarrotó el espíritu entre las cadenas de pueril intransigencia. Su aspecto físico había sido siempre pulido hasta la feminidad. De grandes ojos inexpresivos, cejas muy móviles, frente carente de las viriles entradas, cabellos rizosos y rubios, boca gordezuela, dilatada casi siempre por repulsiva sonrisa.[83] Don Pascual de Zarzamora había seguido, como todos los hombres políticos de su tiempo, la carrera del foro.[84] Brillaba en ella como papagayo de vistosos colores, galana oratoria y empaque doctoral. Desde muy joven gustáronle los devaneos con otros hombres, en quienes su complexo de pasividad hallaba la compensación de la energía y virilidad de que él carecía.[85] Era tímido por

---

tenemos» o «Aquí tenéis» que establece la autoridad de la escritora a la vez que el uso de «vosotros» sirve para conectar con sus lectores.

[82] Recordemos que Hildegart explicó en su correspondencia personal que Zarzamora representaba a Niceto Alcalá Zamora, presidente de la República, (Sinclair 77). Zamora era cordobés y Zarzamora es andaluz. Una zarzamora, además, es una fruta del bosque cuyas ramas tienen espinas, por lo tanto, esta adaptación de su nombre también invita una interpretación metafórica de algo que tienta en su dulzura pero cuya cosecha produce daño. Hildegart también confirmó que Luis Ogral (»Largo» escrito al revés) representaba a Francisco Largo Caballero, el Ministro de Trabajo y Secretario General de la Unión General de Trabajadores-UGT (Ibíd.).

[83] Obsérvese no solo la feminización que Hildegart hace de Zarzamora sino también su fuerte juicio negativo. Sinclair señala que la feminización revela que Hildegart se suscribe a la creencia médica de principio del siglo XX que los homosexuales poseían rasgos femeninos (82). Además, su rechazo indica su posición extrema ante la homosexualidad (78).

[84] La «carrera del foro» se refiere a la abogacía, puesto que el foro es el lugar donde los jueces oyen y determinan los casos.

[85] «complex» es una forma antiguada de «complejo» y su uso aquí otorga un tono decimonónico.

Tenga en cuenta la descripción femenina anterior de su cuerpo y obsérvese la conexión aquí entre relaciones amorosas con hombres, falta de virilidad y pasividad. Hildegart establece una conexión entre la homosexualidad y la falta de masculinidad. Gregorio Marañón es uno de los

empeño y modesto por necesidad. Gustaba del retraimiento por instinto, aun halagándole, como buen espíritu femenino, los aplausos de las multitudes. Casó muy joven con la «primera y única novia», que le buscó hábilmente una tía suya, que hizo con él de madre tierna y amorosa, y consolóse bien pronto la mujer, que era avispada, aunque discreta, de la soledad a que la obligaba la inútil compañía del juvenil esposo. Uno tras otro, vinieron al mundo unos cuantos retoños, que ostentaron orgullosos los apellidos de de [sic] la «casa responsable»; y en tanto, don Pascual continuaba no menos discretamente sus «amorosos devaneos».[86] La piedad de sus confesores disculpaba siempre los actos cometidos sin «malicia», y don Pascual vivía feliz y beatífico, enhebrando en lo más hondo de su subconsciente las flores de la galana pseudo improvisación que habría de pronunciar en cuantas ocasiones le deparaba la vida pública, por demás ajetreada y laboriosa.[87]

Vivía don Pascual en una capital sencilla y modesta, y era en ella respetado entre sus amigos, que lo eran la crema de la buena sociedad burguesa y hasta capitalista. Pero, por

---

médicos que justifica esta conexión desde una perspectiva médica en sus estudios sobre lo que denomina «la intersexualidad». Véase en particular el apartado, «Relatividad del sexo» del estudio «Educación sexual y diferencia sexual» en *Tres ensayos sobre la vida sexual* (Marañón, 1929, págs. 161-216).
Nótese a lo largo de la novela el sobreuso de la forma literaria de la posposición de los pronombres con los verbos en tercera persona: «gustáronle» por «le gustaron», «consolóse» por «se consoló», «tocábase» por «se tocaba», etc.

[86] A la vez que critica a Zarzamora por sus inclinaciones sexuales, Hildegart encuentra una forma discreta de defender a la esposa por tener relaciones sexuales con otros hombres fuera del matrimonio. Al señalar la «inútil compañía» de Zarzamora, parece ser que Hildegart está usando el fin de la maternidad para justificar la búsqueda del placer sexual por parte de la mujer.

[87] Obsérvese los múltiples instantes de la presentación peyorativa que hace Hildegart de Zarzamora en este párrafo (por ej., emplea palabras como «papagayo», «empaque», «ostentar orgullosos los apellidos» y usa comillas para indicar la ironía). El historiador Paul Preston señala que Zamora era conocido por su «oratoria florida» (2020, 216), así no es que la descripción sea necesariamente artificiosa, pero sí indica su desaprobación.

una de esas sutiles coincidencias de la política, que es mujer, y, como tal, búrlase hasta de su sombra, el respetado y admirado don Pascual dió con sus blandas carnes y meliflua voz en la celda de una prisión, y ello no más que por un pretendido cambio de gobierno.[88] En las celdas más íntimas habían también ingresado por idéntico motivo otros dos presos políticos. Eran obreros; uno de ellos, joven, impulsivo, batallador, que iniciaba por entonces su actuación revolucionaria: Fernando Poyales; otro, un conocido propagandista: Luis Ogral.

El tiempo transcurría monótono, pesado, en las celdas de estos últimos, y Luis, que, además, gustaba de hilvanar de vez en cuando algunas cuartillas, se decidió a escribir una carta, donde señalaba su adhesión a la causa común que allí los había traído, y que dirigió a don Pascual de Zarzamora.[89] Difícil era el empeño de hacer llegar la carta en el régimen de censura a que estaban sometidos. Pero Luis Ogral, para quien aquello era una distracción en la monotonía del ambiente, aprovechó aquella tarde la presencia circunstancial en el patio de la «Princesita» para acercarse a «él» y plantearle claramente el asunto. Era la «Princesita» un joven harto conocido entre los tahures [*sic*] de aquella capital de partido, de ademanes afeminados; vestía siempre un a modo de pijama enterizo de tono malva y un batín ceñido a la cintura, como el más aristocrático de los jóvenes

---

[88] La comparación entre la política (objeto de la crítica de Hildegart), la mujer y la tendencia de burlarse revela la poca fe que tiene Hildegart en la mujer burguesa. En sus otros escritos, Hildegart aboga por la necesidad de educar a la mujer burguesa y no concederle el derecho al voto hasta que reciba la formación necesaria para votar pensando con su «propia cabeza». En cambio, opinaba que la mujer obrera y la profesional estaban preparadas para votar (*Renovación* 1931, 4).

[89] «hilvanar unas cuartillas» es una forma poética de decir que a Luis le gustaba escribir; «hilvanar» significa «unir» y «cuartilla» es una medida de papel y una forma coloquial para decir «hojas de papel». La hispanista Esther Alarcón Arana señala que las palabras hilvanar e hilo tienen la misma raíz etimológica y que se establece una conexión entre el acto de escribir y el de coser (sin página). Escribir es una labor tradicionalmente masculina mientras que coser se considera un trabajo femenino.

equívocos.[90] La «Princesita» era quien traía y llevaba cuantas comisiones se fraguaban en la prisión, y así, pues, no le extrañó, aunque era la primera vez que le dirigía la palabra, aquella iniciativa de Luis Ogral.

* * *

Aquella tarde, a las cuatro, llegó, como siempre, a la cárcel la esposa de don Pascual, acompañada de sus dos hijas. Era doña Micaela una mujer esbelta, en quien el cabello empezaba a espolvorearse de plata y los ojos a amortiguar el brillo que en un tiempo los hizo irresistibles. Sus hijas eran altas, de figura chocante y llamativa; pero su expresión era vulgar. Doña Micaela se acercó, como siempre, a la celda en que reposaba don Pascual, y lo halló embebido en la lectura de un papel. Al oír los pasos, abandonó la lectura para tender, como siempre, las manos al través de las rejas, que las «hijas» le besaron, como siempre, llorando. Y casi sin pronunciar palabra, don Pascual entregó a su mujer la nota que en las manos tenía, y que decía así:[91]

> «Señor D. Pascual de Zarzamora:
> «En una celda próxima a la suya, y por idéntico delito que el que usted cometió de defender la libertar y la justicia, se encuentra el abajo firmante. Aunque tan distante a usted en posición social, la coincidencia de la causa que aquí nos ha traído me mueve a dirigirle estas líneas de incondicional adhesión.
> «Mande como guste a
>
> «Luis Ogral.»

Comentaron vivamente el incidente. Las hijas argüían

---

[90] Obsérvese la conexión que hace Hildegart entre el travesti y los tahúres (personas aficionadas al juego y que hacen trampas para ganar), así revelando su juicio negativo de los hombres que se desvían de las normas de género. Nótese también el empleo aquí despectivo tanto del diminutivo «-ita» como de las comillas en nombrar a la «Princesita».

[91] En este contexto, «mujer» es sinónimo de «esposa», y es la denominación más común en España.

que todo aquello, tanto por la nota como por el vehículo que allí la había llevado, «la encantadora Princesita» era algo rayano en el folletín.[92] Pero bien pronto don Pascual y doña Micaela acordaron la realización de un plan para interesarse por el luchador proletario. La carta, que en otras circunstancias hubiera sido arrojada desdeñosamente al cesto de los papeles, despertaba ahora un eco de simpatía. Resultado de aquellos cuchicheos fué la salida anticipada de doña Micaela camino del despacho del director de la cárcel, y pocos momentos después el paso de su figura, tocada de modo elegante y severo, en unión de un vigilante soñoliento que agitaba un montón de llaves con desagradable tintineo metálico. Movía a doña Micaela, tanto como la curiosidad de «su marido», la suya personal de conocer al hombre a quien tanto se quería y admiraba entre las masas obreras. Deseaba saber cómo era, y no es extraño, pues, que impelida por ello apresurara el paso. Dos pasillos, una vuelta a la izquierda, una, dos, tres puertas, y en la cuarta, el carcelero que se para y abre el pequeño locutorio contiguo a la celda. Detrás de las rejas, los ojos escrutadores de doña Micaela se encontraron con... Luis Ogral.

Era éste un hombre maduro. Tenía unos ojos azules, claros, fríos, acerados; el pelo rubio también, pero sobriamente alisado; la boca cortada como una herida roja en la palidez del semblante, que acentuaba la carencia de luz directa del encierro; las facciones acusadas y enérgicas, y de toda su persona emanaba ese misterio de la virilidad que doña Micaela, catadora de hombres que la compensaran de la soledad de su tálamo conyugal, apreció con un suspiro de envidia.[93] Luis Ogral tenía una mirada inteligente y se

---

[92] El folletín era un género de novela popular en el siglo XIX y comienzos del XX, generalmente publicada por entregas en la prensa y de contenido y estilo melodramáticos.

[93] Obsérvese el contraste entre la virilidad de Ogral y la anteriormente trazada feminidad de Zarzamora y, también, los deseos que siente Micaela ante dicha virilidad.

acusaba, además, en él una firmísima voluntad. Tocábase con la clásica capa, que no abandonaba ni aun en el interior de la celda, debido al frío en ella reinante, y sobre los cabellos una boina negra, echada a un lado, prestaba marco al rostro claro y luminoso. Así era Luis Ogral, y así lo vieron con mirada escrutadora los curiosos ojos de la esposa del político.

***

La conversación que mantuvieron doña Micaela y Luis Ogral fué breve. Intervenía ella en nombre de su esposo. Deseaba saber en qué podía ayudar la situación del otro detenido. Luis nada quería. Orgulloso, movía la cabeza rebelde. Doña Micaela marchó, sin embargo, felizmente impresionada. Aquella noche, a la celda de Luis Ogral llególe magnífica cena.

Luis Ogral esperó, sin querer esperar, la visita de la dama. Y, en efecto, doña Micaela llegó. Traía una nota de su marido que entregó al recluso, eludiendo la mirada vigilante del carcelero. El papel era blanquecino y perfumado. La letra fina y picuda.[94] La carta decía así:

> «Permítame que le dé el nombre de amigo. Agradezco en cuanto vale su adhesión. Ni la libertad, ni el triunfo de la causa común que defendemos podría haberme causado la satisfacción que me produjo el leer su carta. Dispone usted en mí de un amigo incondicional y sin reservas. Por mediación de mi esposa le mando un efusivo apretón de manos. »

Aquella tarde se prolongó un poco más la entrevista. Gustaba la dama de hablar con aquel hombre, que sabía mirar sonriendo, como si conociera lo que iba a contestar ya

---

[94] Obsérvese que Zarzamora no solo es «femenino» de aspecto, sino también en sus gustos y letra. Estos detalles apuntan al concepto binario de género y el resultante sesgo tradicional al que se suscribía Hildegart.

el interlocutor. Doña Micaela estaba acostumbrada a mandar sobre los hombres, y allí se encontraba un hombre superior. Por ello, su feminidad se rendía al empuje viril del obrero. Eco de estas conversaciones, que se produjeron un día y otro, eran las impresiones que fielmente transmitía a su «marido». Ardía don Pascual en deseos de conocer a Luis, aunque temía equivocarse o creerlo superior a la realidad. Pero ni una sola vez pudo lograrlo en la prisión. El director era inflexible, y no pudieron coincidir en el mismo patio. Una vez la carta suya a Luis terminó con una súplica tenaz: «Escríbame.» Al día siguiente, la «Princesita» le entregó entre dengues[95] tres líneas casi ilegibles. Se avergonzó de utilizar el mismo vehículo; pero no le parecía correcto entregar aquellas misivas a su esposa, y un día él también buscó con un pretexto a la «Princesita». «Esta», que veía en don Pascual un rival en su feminidad grácil de casi adolescente, le acogió hosca y hasta le volvió la espalda. Pero un duro entregado a tiempo facilitó el cumplimiento de la comisión.[96] Al entregarle el papel, la «Princesita» se puso en jarras ante Luis Ogral y, riendo burlonamente, le dijo: «Ea, se acabó. Yo podré ser ... lo que soy; pero, vamos, Celestina no me ha llamado nadie.»[97] Y, sin aguardar respuesta, volvió provocativamente la espalda.

La nota, sin embargo, nada decía. La misma letra picuda y graciosa; el mismo papel, con fuerte olor a lilas blancas. Y sólo cinco o seis líneas, sembradas de palabras amistosas, de ofrecimientos. Luis Ogral guardó la carta, pensativo.

---

[95] *Dengue*: melindre que consiste en afectar delicadezas, males y, a veces, disgusto de lo que más se quiere o desea. (DRAE).

[96] Un duro es una moneda de cinco pesetas; es decir, que fue fácil para Zarzamora sobornar (comprar) a la Princesita.

[97] Celestina es la protagonista de la archiconocida obra de Fernando de Rojas, *Tragicomedia de Calisto y Melibea* (*c.* 1499), llamada popularmente, *La Celestina*. Ser una celestina no tiene connotaciones positivas, ya que este personaje se valía de las trampas y el engaño para sacar provecho propio a costa de los demás.

Aquella carta fué la primera que no le enseñó a Fernando. Las palabras de la «Princesita» martillearon más de una vez en su oído; pero acabó por dormirse...

...Despertó ante un profundo estrépito. Ruido de voces, gritos de mujeres, risas mezcladas con llantos, tintineo de llaves, correr de cerrojos. Corrían los carceleros de un lado a otro. Luis se encontró, poniéndose apresuradamente la americana, ante una puerta que se le abría por vez primera de un modo franco.[98] Fernando Poyales, su vecino de celda, no estaba ya en ella. Ganó sin dificultad el rastrillo, que estaba abierto, y pocos instantes después, sin dificultad ninguna, la calle. Luis no se detuvo apenas a mirarlos. Se orientó hacia su casa. Aún no había dado unos pasos, cuando unos brazos de mujer le sujetaron. Su compañera, que había acudido corriendo ante la prisión y que reía y lloraba a un tiempo, en tanto le palpaba la cara y el cuerpo como a un resucitado... A sus preguntas respondía como podía en su ignorancia... «Sí, habían triunfado... Ellos. Ahora llevaban en hombros a don Pascual el primero... » Marcharon a casa. Los chiquillos se abrazaron anhelantes a su padre. Pepa y Luis se miraron largamente...

* * *

Acababan de comer. Luis miraba con triste remembranza el plato de judías mal aderezadas que su mujer le había servido. Recordaba la comida realmente suculenta y aromática de que disfrutaba últimamente en la cárcel. Apenas terminó, aprovechó el momento para marchar al Sindicato. Le llevaba hacia él el viejo automatismo, ya olvidado. Volvía a recorrer la callejuelas sucias, estrechas, malolientes, con el mismo gesto pausado de antaño, sólo

---

[98] «Una americana» es una chaqueta que visten los hombres, muchas veces con corbata

turbado por un receloso mirar en torno, ante el temor de la sombra policíaca acechante.[99] En el Sindicato todo era febril actividad. La presencia de Luis Ogral fué acogida con aplausos. Pero Luis, con esa hosquedad de los hombres zahereños [*sic*] ante las caricias y halagos de la multitud, se encerró en la Secretaría destartalada y sucia y empezó a revisar papeles y a ordenar la correspondencia atrasada.[100] Le hacía falta Fernando, y como circunstancialmente y obedeciendo a la onda telepática de su deseo, apareció en la puerta, sonriente y tranquilo. Dispusiéronse ambos al trabajo monótono y desabrido de la Secretaría; se oyó a poco el garrapateo de las plumas y el crujir de papeles revueltos por manos acostumbradas a su empleo. No había transcurrido mucho rato, cuando la puerta de la Secretaría se abrió. Extrañóse Luis, alzó la cabeza y se encontró en ella a su mujer. Era la primera vez que ella pisaba los umbrales del Sindicato. Traía una sencilla toquilla y la falda negra de percal bien ajustada al cuerpo aún atractivo, si el rostro no fuera ya ajado y marchito. La mujer era presa de una gran emoción. Casi sin poder articular una palabra se dirigió a Luis, diciéndole: «Mira, para ti. Te llaman.» Temió él la presencia de la policía a reclamarle y dirigió una mirada a Fernando. Pero el papel exhalaba un olor grato harto conocido, y el leerlo le trajo a la realidad.

La carta era de don Pascual, y decía así:

> «Amigo Ogral: Hemos triunfado. Apenas me dejaron mis amigos, mis primeras línea [sic] son para usted.[101] Venga a verme cuando quiera y pronto. Mi casa está siempre abierta para usted. Diga que es Luis. El portero y los criados están advertidos. Suyo, Pascual.»

---

[99] Mediante esta descripción de un barrio pobre en el que los residentes no se fían de las autoridades, Hildegart critica al gobierno de la República por abandonar su promesa de mejorar las condiciones en las que vivía la clase obrera.

[100] «Zahereño» es una errata; la palabra correcta es «zahareño» y significa «salvaje».

[101] «línea» debe ser «líneas».

No terminó de leerla, cuando ya asaeteaba a preguntas a su mujer:

— ¡Cómo! ¿Quién había traído esto? ¿Cuándo?

Ella apenas sabía responder:

— Un auto muy grande. Un chófer muy elegante que había dado muchos saludos

para don Luis. Estuvo a punto de atropellar a un niño. Pero no... no había pasado nada.

Luis hizo un gesto indefinible, y se dejó caer de nuevo en la silla.

— ¿Pero vas a dejar a este señor?—le interpeló ahora vivamente su mujer–. Pero

convénzale usted, Fernando. Es don Pascual, nada menos que don Pascual el que le llama.

Y sin aguardar respuesta, salió al zaguán, lleno de corrillos, para anunciarles,

jubilosa, la maravillosa nueva.

Acogiéronla todos con sorpresa, que halagaba a la mujer, y subieron en grupos a cerciorarse ante Luis.

— Son muy amigos—decía la mujer–. Para don Pascual, mi hombre es un gran hombre–y así lo repetía en su inconsciencia, revoloteando de grupo en grupo.

— Deja esto, Luis–le dijo Fernando–. Ve a ver qué quiere. Yo trabajaré por ti aquí, y, si es preciso algo, me avisas.

El mismo le puso la gorra y le ayudó a salir. Ya en la puerta, ellos acogieron a su ídolo con una nueva ovación, la última que ya iba a recibir.[102] Bajó hasta la calle. Ella le acompañaba, exultante en su orgullo de hembra.[103] Se cogió de su brazo, y así, de bracero, doblaron la esquina del Sindicato y se perdieron camino de las calles céntricas de la

[102] Obsérvese el presagio que hace Hildegart sobre la caída venidera de Luis.

[103] El orgullo, como en las tragedias griegas, solo lleva a la desgracia. Hildegart es casi tan dura con la esposa de Luis como con Luis, ya que los dos se ven motivados por el avance personal.

ciudad. Ya cerca de casa de don Pascual, se separaron, y Luis siguió solo.

* * *

La casa de don Pascual de Zarzamora era bien conocida en la ciudad. Era un palacio señoril y lujoso. Luis se acercó a ella, tímido y un poco avergonzado. Pero la firmeza de su voluntad se impuso, y ante el portero, que le obsequió con una mirada desdeñosa, pronunció la consigna:

— Que avisen al señor que está aquí Luis.

La mutación fué absoluta y rápida. Entre cortesías y zalemas [104], atravesó el jardín, el recibimiento, dos salones más y un antedespacho. El criado que le acompañaba llamó a una puerta cubierta por un grueso tapiz y anunció al visitante. Al atravesar el umbral, Luis se encontró ante don Pascual, trémulo de curiosidad y de interés. El examen instantáneo debió ser altamente satisfactorio, porque el caballero adelantó las manos en grata bienvenida:

— Pase, pase, y siéntese, Luis. Está usted en su casa... Estoy molido, quebrantado. No me han dejado un instante de sosiego... Apretujones, molestias... Si viera usted cuánto deseaba y cuánto temía que llegara este momento...

Agradeció Luis los cumplidos con frases serias, aunque amables. Oportunamente avisada, llegó taconeando menudito doña Micaela. Al ver la expresión radiante del marido, y después de dar la mano a Luis, sentándose frontera al primero, apostilló:

—¿No te lo decía? ... ¿No ves como es muy simpático, muy agradable?... [105]

Luis protestaba, azorado. Don Pascual le recorría el

---

[104]   *Zalema:* fam. Reverencia o cortesía humilde en muestra de sumisión. (DRAE.)
[105]   Recordemos que esta es la primera vez que Zarzamora y Ogral se conocen en persona.

cuerpo con una sonrisa admirativa. Luis quiso cortar en seguida el embarazo del momento. Pero don Pascual no se
dejaba burlar en sus caprichos.

— ¡Ah, no!... Usted cena conmigo. Micaela, ya sabes. Un
cubierto más... Nada, sin discusión. Y usted me acompaña
ahora y siempre. Tenemos que hablar mucho, Allí [sic] en
la cárcel éramos como esas parejas que sólo se conocen por
correspondencia. Pero todo lo que hay interesante que decir
se dice de palabra, y después...

Vinieron luego las «hijas» y los «hijos» de don Pascual.
Todos miraban a Luis con aquella curiosidad creciente de
las conversaciones que sus padres habían mantenido.
Cuando llegó la hora de cenar, Luis recordó:

— Pero he de avisar a mi casa. Mi mujer no sabe nada...

— Tráigala usted otro día por aquí–repuso don
Pascual–. Micaela y su esposa serán buenas amigas...

Luis sonrió tristemente. No podía imaginarse a su mujer
en amistosa conversación con aquella señora atildada y coqueta que sabía llevar tan bien los trajes que mejor cua-
draban a su figura estilizada y moderna. Aquella noche, el
ayuda de cámara de don Pascual visitó la casa de Luis
Ogral... El marido no cenaba en casa aquella noche. Había
dicho que acostara a los niños... que no le esperara hasta
muy tarde...

* * *

Aquella noche, de sobremesa ya, mientras doña Micaela
disponía el orden de la casa para el siguiente día, don
Pascual y Luis hablaron. Insinuábase el señor alzando las
cejas, que velaba la ansiedad de la mirada. Resistía en su ignorancia Luis... Era don Pascual un hombre fino, caba-
lleroso, simpático. No era, a pesar de su temperamento sen-

sible, de los apasionados, y hasta tomaba con reflexión las cosas.

— Hay hombres –le decía a Luis– que somos incomprendidos por nuestras mujeres, porque somos de esos hombres a quienes ninguna mujer comprenderá jamás. Llevamos tanto de mujer en nosotros mismos, que sólo un hombre muy hombre puede llegar hasta el fondo de nuestra alma.[106] Yo hace mucho tiempo que esperaba hallar ese hombre que me hiciera feliz. Ese hombre es usted...

Luis se había repuesto. Conocía el poder que ejercía sobre aquella voluntad rendida a su albedrío, y su temple viril se había impuesto ya en la conversación. Era él quien pedía, quien se dejaba querer:

— Mire usted, don Pascual–alegó entonces para argumentar una vez más; pero le detuvo el gesto del caballero:

— No me llame usted don Pascual, se lo suplico. Llámeme usted Pascual. Usted es quien manda. Usted lo sabe...

— ¿Y no ha pensado usted –preguntó entonces Luis, reanudando el hilo de la conversación– en la imposibilidad por parte de esos hombres que usted dice de comprenderle a usted?...

— Eso sería –replicó, exaltándose, don Pascual– si fueran hombres toscos, rudos, sin sensibilidad. Pero yo he sabido escoger. Usted no es capaz de rechazarme. Usted puede y debe comprenderme y saber todo lo que hay tras estas frases... Hay hombres –decía a continuación, reportándose– que son generosos, que tienen una amplitud de espíritu excepcional. Cierto es que son los menos. Pero felices los que podemos encontrarlos. Si yo no hubiera creído eso de usted, me hubiera interesado desde luego, pero nada más. Micaela –don Pascual eludía en lo posible el decir mi

[106] Obsérvese la insistencia en que una relación homosexual se comprende por un hombre masculino y otro femenino.

mujer– me hizo un retrato tan acabado de usted, que ella decidió mi amistad. Sé que es usted lo bastante generoso para comprenderla; sé que usted no es capaz de despreciarla...

Sonrió Luis, seguro de su poder, al contestar:

— ¿Y si la despreciara?

Brillaron con brillo de lágrimas las pupilas glaucas de don Pascual. La tensión del instante la cortó doña Micaela, que acudía solícita:

— ¿Tan pronto se os acabó el hablar?

El silencio prosiguió, sin embargo, embarazoso. Luis se levantó para despedirse. Don Pascual le acompañó hasta la puerta. Al marcharse, estrechándole la mano entre las dos suyas, le preguntó, con voz temblorosa aún de la emoción:

— ¿No, verdad?...

Y Luis dilató a porfía la respuesta. Ya en el jardín, bajo el relente, se volvió, sonriente, para tranquilizar al caballero.

— No. Esté usted tranquilo; no...

* * *

Luis volvió un día y otro. Comía y cenaba en casa de don Pascual. Había cumplido su promesa y llevaba a su mujer. Se habían mudado de casa. Vivían en un hotelito sencillo, pero bien amueblado. Sus hijos vestían bien. Su mujer había sido acogida con afectuosa solicitud por doña Micaela; y las mujeres, en el cuarto de costura hablaban de sus cosas; en tanto, ellos, aislados en el despacho, permanecían largas horas «trabajando». El «Niño Luis», como afectuosamente llamaba don Pascual a su protegido, era el amo de la casa. Sabía mandar con esa coquetería intuitiva de aparentar ser quien obedecía. Ni una sola vez dejaba de consultar a don Pascual, hasta en detalles nimios.

— ¿Le parece? ¿Le gusta?

Le agradaba oír la respuesta, isócrona:[107]

— Lo que usted diga. Usted manda. Usted dispone.

Algunas veces acudía a visitarle Fernando Poyales. Casi nunca había logrado ver a su amigo. Por fin, una mañana forzó la consigna y penetró casi hasta el despacho. Luis mismo, enterado, salió a abrirle:

— ¿Qué hay, hombre? –le preguntó, sonriendo.

— ¡Hijo, desde que te has vuelto invisible!

— No. Es que tengo muchas cosas que hacer. Esta casa da mucho trabajo...

Continuaron hablando. Hablaba Fernando exaltándose. Las masas obreras protestaban contra la tiranía monárquica.[108] Decían que era preciso hacer una revolución, arrasar los palacios, matar a los burgueses. Luis Ogral se estremecía al oírlo. Al despedirse, le dijo a Fernando:

— Oye. Tenme al corriente de todo. Si se les ocurre a esos hacer algo, hay que salvar, sobre todo, a esta familia, o...[109]

Y se calló; pero en su mente batallaba la idea que ocultó cuidadosamente, pero que le pareció mucho más eficaz: (Hay que hacerle el ídolo de esas masas. Hay que desnaturalizar, a toda costa, la revolución, para hacerle a él su propulsor).

Fernando prometió, sonriendo. Aquella tarde, después de comer, Luis le dijo la nueva con sencillez:

— Mire usted, Pascual; dicen...

— Niño Luis... –interrumpió el otro, suplicante–.

---

[107] El uso aquí de la palabra «isócrona» para expresar la idea de «siempre la misma» es innecesariamente formal y concuerda con el estilo afectado que emplea Hildegart a lo largo de la novela.

[108] En 1932, el año en que se publicó *¿Quo Vadis, burguesía?*, España era una república y, por lo tanto, ya no había monarquía vigente. Al declararse la República en 1931, el último rey, Alfonso XIII, se fue del país pero sin renunciar sus derechos ni abdicarse formalmente (Fernández Almagro y Maura, 329). Es posible que Hildegart esté reaccionando a este hecho puesto que tiranía, propiamente dicho, no había.

[109] Obsérvese la lealtad que expresa Ogral hacia Zarzamora por encima de los obreros.

¿Cuántas veces te voy a repetir que no me trates de usted? Me obligas a corresponderte en la misma forma, por que no crean que te tuteo porque eres inferior a mí. No puedo acostumbrarme.

Sonrió el otro, preocupado; y cortando el discurso:

— Bueno, escucha... Se trata de algo serio...

Atendió don Pascual, acercándose, obediente. Luis le hizo un relato, incluso detallado.

— Yo no importo nada –le dijo Pascual al terminar–. Importas tú. Hace falta salvarte. ¿Qué es preciso? Pide.

— No, no... –interrumpía el otro; pero don Pascual no se calmaba fácilmente.

A partir de aquel momento, Luis pudo ver que tras él había una guardia celosa y vigilante, que le acompañaba dondequiera que iba, que muchas veces, en sus horas de trabajo, la cabeza, ya blanquecina, de don Pascual asomaba, inquieta, con una sonrisa en los labios y babucía [*sic*], temblorosa, una disculpa:[110]

— Temía que no estuvieras aquí..., que te pasara algo...

Le defendía en el proceso pendiente un abogado joven y de fama, Pepín Gutiérrez; pero la dirección de la defensa la llevaba don Pascual. Citas del Alcubilla, exposición de doctrinas políticas y filosóficas, parte sentimental y emotiva...; la defensa de Luis Ogral era una verdadera obra de arte.[111]

Una mañana, le advirtió el criado:

— El señor Juez ha pedido que vaya usted a su despacho, don Luis.

Luis bajó rápido. En el hall estaba el sombrero. Se lo

---

[110] «balbucía»

[111] Marcelo Martínez Alcubilla era un jurista importante del siglo XIX cuya obra más conocida era *Diccionario de la administración española* (Miró, 272). Recordemos que Hildegart también era abogada y terminó el doctorado en Derecho con sólo 18 años (Cal 96). Agradecemos la ayuda de Katie Kalivoda (B.A. Davidson '14, M.A. UNC-Chapel Hill '18) por su investigación respecto a Alcubilla.

puso. Al disponerse a salir, vió venir a don Pascual, bajando la escalera:

— Niño Luis ... –llamaba–. ¿Dónde vas?

— Me ha llamado el juez. En seguido vuelvo.

— No, no. Tú no puedes ir. Irá tu abogado. Tú estás enfermo, o no estabas en casa, o no quieres ir. Se acabó. ¡Salir ahora y a ver al juez; para que te meta otra vez en la cárcel, de ninguna manera. Esto tiene que cambiar, y pronto. Pero tú no sales mientras tanto de casa!

El mismo le quitó el sombrero y le hizo entrar de nuevo en el despacho.

— Mira –añadió, para distraerle–. Te voy a leer esta disposición, que se me ha ocurrido esta mañana, para cuando yo sea, como espero, presidente de la Diputación Provincial.

Atendió Luis a la lectura.

— ¿Te gusta? –inquirió don Pascual.

Y como Luis, abstraído, no contestara, le interrogó, zalamero:

— Pero, ¿qué tienes; qué te pasa? Hace días que te noto abatido, distraído. ¿Es que ya no te encuentras a gusto en esta casa? ¿Es que te aburres a mi lado?

Luis cortó, riendo, las preguntas:

— Calla, calla; qué bobo. No es eso... Es que pensaba, ¿sabes?, en el juez, y como terminaste así, tan de súbito...

Entró el abogado.[112] Venía de ver al juez. No era nada. Una llamada sin importancia. Pero se trataba de un escrito que tenía que firmar Luis. Una simple comparecencia, añadió, para tranquilizar a don Pascual.

— Pero el juez puede venir aquí; que venga –argüía éste.

— No; ¿para qué?–preguntaba Luis.

— Cállate, te lo ruego; no me mortifiques –interrumpió, saltándose la valla de la discreción, el caballero.

---

[112] Se refiere a Pepín Gutiérrez.

— ¡Me harás el favor de irte! –intervino, ya iniciado el tuteo, pero con energía, Luis.

— Como quieras...; lo que tú quieras –replicó, ahora ya humildemente, don Pascual, retirándose hacia la puerta y hurtando el rostro, surcado por las lágrimas, a la curiosidad burlona de su pasante.

— Siéntese usted –dijo entonces Luis a Pepín Gutiérrez–. ¿Qué pasa?

— Mire usted, Luis. El asunto no es para usted; es para él. Ya sabe usted que Moral es el que lo defiende. La vista va a verse en seguida, así como la suya. Pero el... el juez me ha aconsejado que se lo diga: va a ser el más castigado. Piden para él la pena de muerte. Hace falta que la gente lo sepa, para que, con discreción, evitando, desde luego, un movimiento revolucionario, se vea una fuerte masa de opinión que haga retroceder al Gobierno y a estos jueces...

— Sí, sí... –asentía, preocupado, Luis; y luego, resuelto, añadió:

— ¿Quiere usted hacerme un favor? Avisar a Fernando Poyales. Estará en el café, ése que hay al lado del Sindicato. Dígale usted que venga; como cosa de usted.

Vino. Hablaron largo rato. Luis, cautamente, sin descubrir el verdadero propósito. Fernando, con la ingenuidad del hombre que vive en la calle y trae el espíritu alerta de la masa popular.

— Tú no sabes –le decía Luis una y otra vez– lo bueno que es don Pascual. Tiene un entusiasmo tan grande por nuestra causa. Sabrás que ha entregado a Madrid todo su dinero, ha hipotecado estas huertecillas suyas de aquí; todo lo ha dado a ese Comité que dicen que funciona en Madrid... Don Pascual es un santo.

— Oye –le interrumpió una vez Fernando–. ¿Y para ti qué piden?

Y con ese desinterés del instante, replicó Luis prestamente:

— Yo no importo nada ahora. Quien importa es él. Es preciso que estos hechos se sepan, que los obreros conozcan cuánto deben a su protector, que se alcen por él y para él; que le defiendan, que se produzca, si es preciso, un alzamiento popular, algo que aterre a este gobernador e, indirectamente, al Gobierno de Madrid. Tú, ¿me ayudarás?

Fernando había prometido. Y habían puntualizado detalles.

— ¿Crees tú preciso que haga un manifiesto, que lo firme?...

— Veremos, veremos –argüía Fernando–. Lo consultaré; y te prometo –añadió, acuciado por la insistencia– que no se regateará medio.

Hecho ya aquéllo, cumplido aquel primer paso, Luis se sintió más tranquilo; y se dispuso a ver a don Pascual. Estaba en la cama. Al verlo, empezó a temblar, como azogado.

— Le repite el ataque –sentenció el ayuda de cámara, que conocía a fondo a su señor.

Don Pascual estaba mal, en efecto; el disgusto había sido grande; el miedo por la suerte que se figuraba iba a correr Luis, era mayor; pero éste le tranquilizó con su presencia. El acto realizado le daba un reposo, una serenidad en el aspecto, que infundían tranquilidad al ánimo más exaltado.

— ¡Qué tonto eres! –le recriminó, riendo–. Ya está resuelto el trámite, firmada la comparecencia. Pepín, en condiciones de irse a comer; y tú, mientras tanto, aquí arriba, enfermo...

— ¿Pero no te hacen nada? ¿No te pasa nada?

Rió Luis ante la ocurrencia de aquella sensitiva humana, tímida y nerviosa como la famosa planta de que nos hablan, con asombro, botánicos y naturalistas.[113] Y despidiéndose, por el trabajo que le esperaba, le dijo, confiado ya:

— Anda, anda; a ponerte bueno y a bajar a hacerme compañía.

* * *

Así llegaron los días del proceso y de su vista ante la Audiencia.[114] Pepín había pasado dos días antes, íntegros, en casa de su defendido, que ahora era tanto como decir en casa de don Pascual. Este mostrábase en aquel instante tranquilo por su suerte... Luis le había anunciado ya algo.

— ¿Sabes–le dijo un día–que piden para ti la pena de muerte?

— Se había turbado un momento; pero casi en seguida había reaccionado.

— No importa; ¡si te salvas tú!...

— Tonto –le repuso Luis, en un arranque de afecto–. ¿Y qué iba a hacer yo sin ti?[115]

Aquella frase la agradeció don Pascual eternamente. Cuando llegó el día del proceso, no temblaba; iba, por el contrario, más sereno que nunca. Luis, bajo su aparente im-

---

[113] Puede parecer extraño comparar a Zarzamora con una planta pero, al mismo tiempo, corresponde al estilo literario amanerado de Hildegart. Recordemos que «zarzamora» también es una planta y que la primera incursión de Hildegart en la política fueron sus charlas públicas sobre la defensa de las plantas y animales (*La voz*, 29 marzo 1926, p.4). Nuestra investigación acerca de una planta «tímida y nerviosa» apunta a una planta comentada en un reportaje sobre el Jardín Botánico de Madrid: la mimosa púdica (*El Heraldo de Madrid*, 6 septiembre 1928). Según el reportaje, esta planta es altamente sensible y es conocida por otros nombres como «Coqueta», «Mimosa», «Mírame y no me toques», «Pudorosa», y «Caprichosa» (Ibíd., p.8). La reacción de Ogral hacia Zarzamora coincide con la descripción de esta planta.

[114] El proceso y la vista, en este contexto, son términos legales que se refieren al juicio en las cortes; la Audiencia es el tribunal, o sea, el lugar donde se celebra el proceso.

[115] Obsérvese el tono romántico de la conversación que es más propio de amantes que de amigos o camaradas políticos. En *El confidente* también vimos el tema de la lealtad entre amigos, pero en la novela de Guzmán primaba la lealtad a la causa; aquí, la lealtad es más personal.

pasibilidad, ocultaba la tormenta de una inquietud en aumento. Horas antes había hablado con Fernando Poyales. El manifiesto se había lanzado. Todo estaba a punto. Las masas, ¿responderían? Al salir don Pascual aquella mañana de su casa, insistió en ir a pie. Luis salió de la suya acompañado de su abogado. Coincidieron en la mitad del camino, cerca del portón de la iglesia grande, y cercanos, por consiguiente, al mercado. No habían encontrado a nadie en las calles. Pero al embocar la plaza, una muchedumbre imponente esperaba. Todo fueron gritos y desbordamiento de vítores, aplausos y entusiasmos. Pascual y Luis se vieron cercados por la multitud, que los separó, e inútiles fueron los esfuerzos de la policía. Así, en hombros de los más audaces, llegaron a la sala de la Audiencia ante los severos magistrados, que no sabían qué resolver en aquel acto de insubordinación popular. La guardia intentó cargar sobre la multitud, y Luis, puesto en pie sobre el banquillo en el cual había de sentarse, se dirigió a ella. Sus palabras eran de gratitud: le aconsejaba calma y prudencia; el objeto estaba conseguido. La adhesión a la persona del «caballero que ha servido a la causa de la revolución» se había logrado. Las masas le hicieron callar a aplausos. —Ahora, esperadnos – terminó–. ¡Hasta luego!

Retiráronse al conjuro de la orden, y se despejó la sala. Y así los jueces pudieron dar principio a su labor. Luis no recordaba nada de las defensas, ni de las preguntas del fiscal, ni de los otros magistrados. Sólo veía la cabeza, ya canosa, de don Pascual, inclinada sobre el pecho, sumida en hondas meditaciones unas veces; erguida, otras; vuelta, en ocasiones, hacia él, con amable sonrisa. Sólo eran ellos los procesados. Fernando Poyales había sido declarado en rebeldía, porque se había negado a presentarse; y como tal, se le juzgaría más tarde. Luis se enteró de ello entonces. Le sorprendió el altruismo de Fernando, que, perseguido, había hecho cuanto había podido en beneficio de don Pascual, sin pensar para nada en sí mismo, que tanto necesitaba esa defensa.

El insomnio de las tres noches anteriores empezaba a dejarse sentir sobre él. Su voluntad le imponía el mantener los ojos abiertos; pero su cerebro iba paralizándose poco a poco, lentamente. Ya pensaba muy débilmente, ya no pensaba...

Le despertó un grito agudo. La cara de don Pascual se inclinaba junto a la suya en un transporte:

— ¿Luis, qué te pasa?

Había terminado la vista; él no había escuchado la orden de desalojar la sala, y había permanecido durmiendo despierto, por un esfuerzo de su voluntad, en el banco que ocupaba.

— ¿Te sientes mal? –le preguntaba, inquieto, Pascual–. Mande usted por el auto a casa–ordenó, rápido, al chauffeur.[116]

* * *

Aquella tarde, Luis estaba, en efecto, un poco enfermo. La tensión le había enervado. Don Pascual no se apartó un instante de su lado. Mirábale con amorosa ternura, y la contemplación del rostro varonil y bello, tendido sobre la almohada, casi de perfil, en un gesto de laxitud, le hacía saltar las lágrimas a los ojos. Su conciencia le recriminaba: «¡Todo por mí! –decía, llorando–. Por salvarme».

La sentencia habría de llegar antes de veinticuatro horas. Pero el siguiente día era domingo, y ello la retrasaba. No consintió don Pascual que Luis fuera a dormir a su casa. Poco después de amanecer, don Pascual quiso oír misa muy temprano en el oratorio de su casa; y vistiéndose apresura-

---

[116] «chófer» en español

damente, fué a ver cómo había pasado la noche Luis. Estaba éste incorporado y como si pensara en algo muy interesante, curvados los brazos tras la nuca, iluminado el semblante por el sol, que penetraba a raudales por el amplio ventanal de la lujosa casona. La conversación fué breve. Don Pascual deseaba ardientemente que le acompañara a misa.

— Aunque no creas –le decía–.[117] Sólo allí dejas de estar a mi lado. ¿Quién te lo impide? Aquí, en el seno del hogar, no hay quien lo sepa. ¡He pedido tanto esta noche por ti!...

Luis se dejó convencer. Protestaba aún débilmente; pero los ruegos de su amigo eran cada vez mayores:

— Dame ese gusto. Te lo suplico. ¡Aunque no sea más que esta vez!

Luis empezó a vestirse. La ropa, bien cortada, contrastaba con sus prendas sencillas de antaño. Sin afeitarse siquiera, bajó a la capilla. Estaba ésta discretamente iluminada. Oficiaba el capellán de don Pascual, un cura joven, agraciado y simpático. Se había doctorado en Teología brillantemente y se le ofrecía espléndido porvenir. Por lo pronto, se estrenaba con la capellanía que empezaba a disfrutar. No tenía José, que así se llamaba el sacerdote, la confianza bastante en la casa para conocer íntimmente [*sic*] a don Pascual.[118] Pero sabía lo preciso para comprender la «intimidad» que le unía con Luis y el carácter anticlerical de este último. Así no es extraño que aquella mañana don José mirara con asombro al nuevo visitante y le hiciera una amable acogida. Ya estaban arrodilladas en sus reclinatorios doña Micaela, María Eugenia, Leisa y Manolita. En pie, en la sombra, se recortaba la silueta de Pascualín, el «hijo

---

[117] Aquí creer significa creer en Dios; «pedir» al final del párrafo significa pedirle a Dios. Como vimos en la novela de Falcón, el tema de la creencia estaba candente durante la República. Los de la izquierda pedían un estado laico (separación de Estado e Iglesia). Con las escenas sobre la capilla en casa, Hildegart está subrayando las enraizadas costumbres burguesas de Zarzamora y la procedencia obrera de Ogral.

[118] «íntimmente» debe ser «íntimamente»

mayor», y de sus hermanos, José Luis y Francisco María. La familia estaba completa. A una voz discreta entraron, y situáronse en último término, Dolores, la cocinera; doña Luisa, el ama de llaves; Jacinta, Mariquilla y Rosario, las tres doncellas que tenían el cuidado de la casa; Mariano, el chauffeur; Augusto, el jardinero, y hasta el chiquillo que empleaban todos para la comisión de recados urgentes.[119] Don Pascual y Luis tomaron su puesto en dos reclinatorios parejos, uno al lado del otro, frente por frente al altar, lujosa, pero sobriamente decorado. Caso extraño era el ver aquella familia excindida: el puesto de doña Micaela, ocupado por el intruso Luis; y la dama, con sus hijas, en un lado de la nave central.[120] Don Pascual era hombre devoto hasta el fanatismo. De ordinario, la asistencia a la misa embargaba toda su atención. No fue así aquel día. La contemplación de Luis le absorbía aquel día la suya. Destacaba aún más en la semiobscuridad reinante la belleza de su frente, la cuenca de sus ojos, la curva de sus petañas [*sic*] rubias, el menton [*sic*] firme, la boca rasgada y roja, el cuello fuerte y la innata distinción de su figura.[121] Don José, hombre de mundo, pese a sus pocos años, y trasteado por seminarios y obispados, acogió con una sonrisa benévola las distracciones de su fiel «oveja». Y comprendiendo que no estaban sus oyentes con el ánimo dispuesto para escuchar su plática, prescindió de ella y dió fin a la misa mucho antes de lo acostumbrado. Agradeciéronselo infinito don Pascual y Luis, que salieron cogidos del brazo; en tanto, el primero le preguntaba, ansiosamente, la impresión que el espectáculo le había causado.

---

[119] El listado de los muchos empleados de la casa sirve para recalcar la posición adinerada de Zarzamora.

[120] «excindir» parece ser la ortografía decimonónica de «escindir» (o separar). La separación de la familia es un presagio del efecto negativo que la presencia de Luis tendrá sobre la familia.

[121] Escribir «semiobscuro» con «b» es la forma antigua; «petañas» debe ser «pestañas»; y, «menton» debe ser «mentón» (barbilla). Obsérvese la fijación que exhibe Zarzamora en la belleza física de los rasgos faciales de Ogral.

— ¡Pero qué me ha de parecer! –replicaba éste con tono reservado y sencillo–. Una pamema. Y rectificó en seguida, ante el gesto de dolor del caballero:

— Bueno, no te ofendas. Para el que cree en ello, debe ser muy hermoso.

— ¿Verdad que sí? –preguntaba el otro, esperanzado–. Pues tú creerá; tú creerás...

No creyó. Pero a partir de aquel domingo, un día y otro, por una u otra circunstancia, coincidían en la capilla, inclinados en los reclinatorios parejos, don Pascual de Zarzamora, el burgués, creyente y fanático, y Luis Ogral, el revolucionario, ateo y anticlerical.

* * *

— ¿Dices que ya ha venido don José?–preguntaba al día siguiente don Pascual a su mujer a la hora del desayuno. Estaban ante la jícara de humeante chocolate, en una mesita portátil, transportada allí a la alcoba, cercano al lecho del primero.[122]

— Eso me han dicho. Pero volvió a marcharse en seguida, porque llamaron por teléfono que iban a traer la sentencia.

Don Pascual no volvió a hablar. Comió en silencio, y sus miradas se dirigían, intranquilas, hacia la puerta.

— Oye, ¿quieres mirar si ha venido Luis? –le preguntó a su mujer cuando ésta terminaba de saborear el caliente soconusco.[123]

— Como quieras –repuso, comprensiva, la otra, disponiéndose a salir. Pero en el umbral tropezóse de manos a

---

[122] Obsérvese que Zarzamora y su esposa tienen camas separadas.
[123] Soconusco es la región en México que le da el nombre al chocolate procedente de ella; «soconusco» sin mayúscula quiere decir chocolate exquisito y elaborado para el consumo.

boca con Luis. Dejó ella de intento reposar en los hombros de él sus manos aristocráticas y acercarse mucho los rostros, para retirar después el suyo, esquiva y melindrosa, riendo:

— ¡Ay qué susto! ¿Sabe usted algo?

— Nada, señora –replicó Luis, sonriendo–. Aún nada. Pero me he encontrado a don José, y...

— Bueno; ¿y qué tiene que decirte don José? –interrumpió la voz aguda de don Pascual desde la sillita que ocupaba.

— Que iba en busca de la sentencia. Creo que le ha llamado el abogado. O el juez. No sé bien. Y, claro, es natural; él tiene un interés muy grande por los dos y quería adelantarnos, en lo posible, sus noticias.

— Bueno; pues les dejo. Ya me iba –aclaró doña Micaela, dirigiéndose de nuevo hacia la puerta–. En cuanto sepan algo, aunque yo ya estaré con cuidado usted se encarga de avisarme. ¿Verdad, Luis? ¡De ti no me fío, porque no sé, no sé qué es lo que harás tú cuando te enteres!

Y se marchó, dirigiéndoles una sonrisa leve y vaporosa, y accionando con la mano en un gesto de cariñosa amenaza.

Don Pascual estaba vuelto de espaldas. Taconeaba nerviosamente, y ocultaba el rostro con la mano. Luis, que presentía la tormenta, se acercó, sonriendo:

— ¿Pero se puede saber qué te pasa?

Calló, hermético, su interlocutor; y como el primero repitiera la pregunta, insistente, y le pusiera una mano confiadamente en el hombro, barbotó, apartándose:

— Déjame, no me toques. ¿Te parece que no tengo motivos de queja? Ayer, por la tarde, con don José por si el pretexto de unas dudas «religiosas». Esta mañana, que si don José te encontró, con otro pretexto cualquiera... Ahora...

Luis le tapó la boca, sonriendo, aunque el otro intentaba desasirse de él, y replicó, casi en broma:

— Pero hombre, si apenas le he visto, si no he cruzado con él más que unas palabras.

— Sí, sí; excusas ahora. José es muy ladino.[124] Es uno de esos curitas que han probado ya el pan que el demonio amasó. ¿Te has fijado qué modo de mirar tiene y cómo te echó los ojos encima ayer, apenas entraste en la capilla? ¡Es que te comía con la vista! Claro, no era mal bocado para el niño; pero no. Tú no. Lo juro. Por la cruz en que creo, que no.[125]

Y don Pascual, haciendo la cruz con los dedos de su mano, la besó tres veces de manera sonora y elocuente.

Luis no podía casi evitar la risa. Los celos le parecían tan estúpidos como injustificados. No dejaban, sin embargo, de halagarle; y optó por callar, discretamente, ante el aluvión de dicterios que se le venía encima. Don Pascual volvióse en seguida a él, inflamados los ojos en «santa indignación».

— Te he dicho que no. ¡Lo has oído! Ni una palabra más. Para ti, él ha muerto. Y si es preciso, mando venir a don Apolonio, que es el cura más viejo de la parroquia. Curitas jóvenes y barbilindos, no ...

— ¿Pero qué culpa tengo yo?—interrumpía, sonriente, Luis.

— No; si yo a ti no te culpo.[126] Si sé que es él. Si lo he visto yo con es tos ojos, que debería comer la tierra para no haber visto lo que vieron...

Don Pascual, con esa exaltación propia del temperamento andaluz, se dejaba llevar por su imaginación más allá de cuanto en realidad había sucedido.[127]

---

[124] «ladino» es una variedad de español que hablan los sefardíes (judíos expulsados de España en los siglos XV y XVI); como adjetivo quiere decir «astuto, taimado». El empleo del adjetivo como descripción peyorativa se reconoce hoy como un epíteto antisemítico.

[125] En es intervención de Zarzamora se aprecian claramente los celos amorosos que siente.

[126] El «si» con que empieza esta oración y las dos siguientes es propio del lenguaje hablado, y expresa hincapié en la idea expresada.

[127] La referencia al temperamento andaluz es una generalización a los andaluces como personas apasionadas.

Continuó la escena en lamentaciones cada vez más vivas. Optó Luis por sentarse y mirar distraídamente el cielo raso de la habitación. Pero ni aun esta postura le salvaba.

— No, no; hacerte el desentendido, no—gritaba a su lado don Pascual—. No estoy dispuesto a tolerarlo. ¿Me has oído?

— Sí, hombre, sí—replicaba el otro por calmarlo.

Y fué precisamente en el momento culminante de la discusión cuando, sin aviso alguno, se abrió la puerta de la habitación, para dejar paso al abogado y a don José. Traían los dos una cara radiante. Malhadada coincidencia hizo que el abogado se dirigiera hacia don Pascual, y fué don José quien puso en las manos de Luis la doble sentencia absolutoria. El rostro de Luis expresaba un júbilo inmenso. Sin poder contenerse, en la necesidad de expansión cordial de aquel instante, abrazó al sacerdote, portador de la buena nueva. Don Pascual, que se había hecho ya una enorme violencia para resistir su presencia, profirió un solo grito:

— ¡Luis!

Grito amenazador, revelador de la discusión hasta entonces mantenida. Miróle el abogado con asombro. Asustóse seriamente el sacerdote, también nervioso y sensible, y separóse bruscamente de los brazos de Luis Ogral.

— Es natural —explicaba después éste a don José y a Pepín Gutiérrez, el abogado, cuando don Pascual era llevado a la alcoba presa de un verdadero ataque nervioso—. La emoción del momento... —y a la par que sonreía, halagábale el afecto tanto más rendido cuanto celoso del caballero andaluz.

* * *

Cuando Luis tuvo tiempo para mirar hacia atrás para reconstruir los últimos meses de su vida, éstos aparecían nublados y confusos. Habían transcurrido muchos: nueve, diez, acaso más de un año, y aún no se había repuesto del asombro. Los hechos se habían sucedido de modo vertiginoso. A la sentencia habían seguido unos meses de inquietud, y después, acto seguido, el triunfo, un triunfo insospechado, clamoroso y unánime. Aquellos días ni don Pascual ni él tuvieron tiempo más que para atender a la fiebre del pueblo, que les reclamaba en todas partes. Ya estaba don Pascual de presidente de la Diputación, y llegó Luis Ogral también a diputado provincial; y ello, entre aclamaciones cordialísimas.[128] Y Luis empezó a desarrollar su labor. Despertaba en don Pascual el burgués adormecido entre los ensueños de una revolución. Gustaba, sí, del color rojo, de las músicas proletarias; pero todo ello de un modo platónico, y porque le evocaba de modo más directo el objeto de su amor.[129] Pero él era burgués y amigo de burgueses. Presionaban éstos; forzaba él a Luis, y, entre todos, hicieron en la desdichada provincia una obra reaccionaria que ataba de pies y manos a los obreros y les encadenaba a la voluntad patronal. Llegaba el hambre temible, junto con los fríos del invierno. Fraguábase un estado de irritación sorda entre las masas obreras. Ya tres, cuatro, cinco veces, la fuerza pública había tenido que actuar reprimiendo manifestaciones obreras. Los proletarios reclamaban, coléricos e impetuosos, la cabeza del traidor, del vendido a la burguesía.[130] No sospechaban aquellas pobres masas rebeldes y generosas la causa obscura y cenagosa de aquella venta, de aquella traición.[131] Sólo veían los hechos. Nada sabían de los

---

[128] Obsérvese que los dos personajes ficticios ascienden en la política tal y como habían hecho las personas reales en quienes son basados.

[129] El color rojo representaba el comunismo; por eso, durante los años de la dictadura de Franco era común decir «colorado» por «rojo».

[130] Se refiere a Ogral.

[131] Hildegart insinúa que la homosexualidad entre los políticos no era algo conocido entre el público. De hecho, Sinclair afirma que no había pruebas de una relación sexual entre Zamora y Largo Caballero (78).

vínculos inconfesables que los motivaban. Luis era soberbio por temperamento. Ante la actitud de sus «ex-compañeros», se crecía en su orgullo. Se veía dominando a hombres y pueblos por la voluntad de don Pascual, tan fácilmente rendida a su albedrío. Sabía el poder que tenía una palabra, un deseo suyo. No creía a nadie capaz de resistírsele. Despótico e intransigente, ansioso de humillar como había sido humillado, inició Luis el camino del despeñadero.[132] Por fin …

* * *

Era una noche. Pasada ya la hora en que, según dicen, marchan las brujas por las chimeneas camino de sus aquelarres lascivos.[133] Era profunda la obscuridad que reinaba en las callejuelas solitarias de la ciudad. Acallando unos con otros el rumor de los pasos, avanzaba, negra, temible, una masa humana enfebrecida. No se distinguían los rostros y apenas si los ropajes, raídos y míseros, delataban a la luz de tembloroso farol la procedencia obrera de aquellos hombres. Estaban cerca de la casa de don Pascual. Los guardias apostados a la puerta dieron el alto. La muchedumbre avanzó, impávida. Los guardias dispararon; pero la muchedumbre no retrocedió, aunque se abrieron dos

---

[132] Obsérvese que ahora Hildegart culpa a Ogral que, hasta este momento en la novela, se había escapado de las críticas más duras de su pluma con respecto a la relación ilícita y homosexual. Lo que no perdona Hildegart es la traición a los obreros que comete Ogral.

[133] La palabra «aquelarre» significa «reunión nocturna de brujas» y evoca imágenes amenazantes de dos pavorosas pinturas de Francisco Goya con ese título (1798 y 1823) cuyos temas son el demonio y la muerte. Al añadir la palabra «lasciva» Hildegart no deja lugar a dudas sobre el tipo de relación entre Zarzamora y Ogral, ni su opinión al respecto.
La escena recuerda también al mito de don Juan en dos sentidos: el protagonista de *El burlador de Sevilla* (*c*. 1630) de Tirso de Molina era un depredador sexual andaluz, Hildegart comenta varias veces que Zarzamora era andaluz, y juzga fuertemente su vida sexual; al final del párrafo, la imagen de Micaela en camisón blanco recuerda la imagen espectral de doña Elvira, mujer rechazada por el don Juan de José de Espronceda en *El estudiante de Salamanca* (1840).

claros en sus hombres. Al ruido se oyeron unos gritos. Pero ya la masa había forzado la puerta y había entrado. En la escalera, doña Micaela, en blanco camisón de lienzo, ribeteado de encajes, con los pálidos, brazos cruzados sobre el pecho, trémulo y palpitante.

En el zaguán, y en ropas reclutadas a toda prisa, la vieja ama de llaves y el chauffeur, soñoliento. Y allá, en el rellano iluminados por la luz de la alcoba que enmarcaba en el umbral, las figuras. ELLOS, los culpables, abrazados ante la tensión del instante. La multitud rugió de ira contenida y se precipitó a lo alto. Fué inútil que uno de los guardias arrollados intentara descolgar el teléfono para solicitar el envío de más fuerzas. Le cortaron la acción y lo lanzaron lejos, como un guiñapo humano. La multitud avanzaba, cautelosa, y entre el silencio y la obscuridad, como un tigre.

Lo que pasó después no se supo.

Al siguiente día la Prensa daba la siguiente noticia:

Bárbara irrupción de unas masas desenfrenadas en la casa del Excmo. Sr. Presidente de la Diputación Provincial. Matan a éste, y don Luis Ogral, que le acompañaba, es muerto después de ser mutilado bárbaramente.

«Las turbas desenfrenadas irrumpieron ayer, sin que de ello hubiera tenido conocimiento la autoridad de la provincia, en la casa de nuestro querido amigo don Pascual de Zarzamora. La pluma se resiste a narrar la escena que debió suceder en el domicilio del ilustre patricio. Impotentes los guardias para contener la bárbara avalancha—uno de ellos está herido gravísimamente—, las masas, respetando únicamente a la mujer del insigne hombre público y a los hijos del mismo, se abalanzaron sobre éste y don Luis Ogral, que en aquellos momentos le acompañaba. Ambos fueron víctimas de las masas. Don Luis ha sido bárbaramente mutilado. Su cabeza fué expuesta desde una ventana al amanecer, y en ella quedó hasta que la policía pudo rescatarla. Se han practicado más de trescientas detenciones; pero los criminales, parodiando el ejemplo clásico de nuestra literatura de:

'Fuenteovejuna, señor. Todos a una'[134]
contestan con estas mismas frases. También está detenido Fernando Poyales. Aunque no ha tomado parte
en el movimiento, se le juzga inductor del mismo, lo
que él niega terminantemente; pero se da como seguro
en los círculos bien informados, que como ya tenía
pendiente un proceso en rebeldía, por el cual no se le
condenó, desde antes de venir la República, se le
acumule éste al de ahora iniciado y sea él quien pague
con su cabeza la infame muerte que han tenido estos
dos dignos ciudadanos. Es un baldón para la historia
de la provincia y la indignación del instante nos impide
hacer otros comentarios.

Un delegado especial del Gobierno ha tomado rápidamente el mando de la provincia. Se ha concentrado la
Guardia civil [sic]; se han pedido a Madrid fuerzas, ya
que se teme que se reproduzcan los disturbios.[135] En
la cárcel no caben más presos. Se ha habilitado un viejo
cuartel para este efecto. A las masas las movía un solo
grito: '¡Muera el traidor!' Así lo han declarado esta
mañana, en el correspondiente atestado, los que se es-
timan como cabecillas del movimiento».[136]

---

[134] Aquí la referencia es a la obra de teatro de Lope de Vega, *Fuenteovejuna*
(1619). Esta obra se basa en un hecho real del pueblo de Fuente Obejuna,
Córdoba; viene a representar en la imaginaria cultural española la fuer-
za del pueblo oprimido contra el opresor. Curiosamente, tiene lugar en
Andalucía.
Nótese la acumulación de referencias literarias y culturales que incluye
Hildegart en su novela. Además de abogada y estudiante de Medicina,
también lo era de Filosofía y Letras.

[135] «Guardia civil» debe ser «Guardia Civil».

[136] Nótese cómo la prensa se pone del lado de Zarzamora, «nuestro querido amigo». Hildegart está criticando los medios de comunicación de ses-
gar los hechos a favor del gobierno.

Bibliografía citada para ¿Quo Vadis, burguesía?

Alarcón Arana, Esther. Correspondencia con Kyra Kietrys. 25 julio 2020.

Cal, Rosa. A *mí no me doblega nadie. Aurora Rodríguez: Su vida y su obra (Hildegart)*. 2ª edición. A Coruña: Edicios do Castro, 2009.

Fernández Almagro, Melchor, and Maura, Gabriel Maura Gamazo. *Por qué cayó Alfonso XIII: evolución y disolución de los partidos históricos durante su reinado*. Madrid: Alderabán, 1999.

El Heraldo de Madrid en un reportaje sobre el Jardín Botánico de Madrid (6 septiembre 1928).

Hildegart. «El voto y la mujer». *Renovación*, 10 agosto 1931, pág. 4.

Marañón, Gregorio. «Educación sexual y diferencia sexual» en *Tres ensayos sobre la vida sexual*. Madrid: Biblioteca Nueva, 1929. Págs. 161-216).

Miró, Gabriel. *Libro de Sigüenza: (Jornadas de este caballero levantino)*. Argentina: Editorial Losada, 1938.

El mundo de lama. <https://lamajaime.wordpress.com/2016/04/25/ennubarrado/> Consultado el 25 julio 2020.

La voz, 29 marzo 1926, p.4 «El mitin sanitario de ayer».

Dosier pedagógico

Comprensión

1 Lee las novelas con un lápiz en mano para subrayar los textos y apuntar notas en los márgenes del libro. Al terminar de leer, estudia tus notas para clasificarlas. ¿Qué tipo de apuntes son? ¿De vocabulario? ¿Relacionados con el argumento de la novela? ¿Tienen que ver con el contexto histórico? ¿Qué conclusiones sacas respecto a tus notas? ¿Qué partes de las novelas te interesaban más? ¿Qué partes causaban mayor confusión?

2 Para cada una de las novelas, identifica los siguientes aspectos:

    a Los personajes principales
    b Los personajes secundarios
    c Los espacios en que se mueven los personajes
    d El planteamiento del conflicto, el punto culminante y la resolución
    e El propósito político del texto
    f El uso del diálogo frente a la narración

3 Con una pareja, discute las partes del argumento que te resultaron confusas. Si no puedes resolver las dudas con tu pareja, plantéaselas al grupo grande.

Análisis de los textos

1   En las tres novelas, identifica algunas referencias al género más allá de las que se comentan en las notas a pie de página. ¿Cómo se construye el género en cada una de las obras? ¿Cómo comparas esas construcciones con la construcción de género en la actualidad?

2   Comenta cómo la forma de la novela sirve –o no– para hacer propaganda política. ¿Se consigue de la misma medida en las tres obras? Explica tu respuesta y compara estas obras con otras obras que has leído. ¿En qué se parecen y en qué se distinguen con respecto al propósito didáctico?

3   ¿Cuál es el papel de la prensa en las tres novelas? ¿Se parece al discurso actual sobre la prensa? Explica tu respuesta.

4   Compara la presentación de Toribia en *¿Dónde está Dios?* con la de doña Micaela en *¿Quo vadis, burguesía?* ¿En qué se parecen las dos mujeres? ¿En qué se distinguen?

5   Las novelas parecen contradecir las creencias de la izquierda mediante el tratamiento de los personajes femeninos. Por ejemplo, la izquierda abogaba por los derechos y la independencia de la mujer, pero Toribia no participa en la conversación sobre un posible aborto, doña Micaela se demuestra secundaria con respecto a los deseos de su marido, y las dos mujeres parecen definirse en su papel de madre. ¿Dirías que estas mujeres ejemplifican el tipo de mujer para el que abogaba la izquierda? Lee de cerca estas partes de los textos para corroborar, refutar o matizar la idea de una posible contradicción.

6 Comenta la presentación de la homosexualidad que hace Hildegart en *¿Quo vadis, burguesía?* ¿Cómo se compara su presentación con la comprensión actual de la homosexualidad?

7 Explica la relación entre «El retrato literario de Guzmán» y las ideas que se presentan en *El confidente*. ¿Es una relación de apoyo? ¿De contradicción? Comenta los temas y el tono en las dos partes de la obra. Basándote en ese retrato literario, escribe un retrato literario para César Falcón o Hildegart justificando tus decisiones.

Más allá de los textos - puntos de partida para la investigación

1 La historia del aborto en España

2 La historia del sufragio femenino en España

3 La Constitución de 1931

4 Algunas de las mujeres políticas de la izquierda durante el primer tercio del siglo XX: Carmen de Burgos, Clara Campoamor, Mercedes Comaposada Guillén, María Espinosa de los Monteros, Irene Falcón, Hildegart, Dolores Ibárruri – La Pasionaria, Victoria Kent, María de Maeztu, Federica Montseny, Margarita Nelken, María de la O, Amparo Poch y Gascón, Lucía Sánchez Saornil, María Zambrano

5 Los derechos de la mujer durante la Segunda República

6 Los derechos de la mujer durante el franquismo

7 Los conceptos del «ángel del hogar» y «la mujer moderna» durante el siglo XX

8 La intersexualidad desde la perspectiva médica durante los años treinta en España

9 La historia de los derechos de los homosexuales en España

10 Las diferencias entre los varios partidos de la izquierda durante la Segunda República

11 La historia del fascismo en España y de la Falange Española de las Juntas de Ofensiva Nacional Sindicalista (FE-JONS)

12 Algunas de las mujeres de la Falange: Carmen de Icaza, Pilar Primo de Rivera, Mercedes Sanz Bachiller, María Rosa Urraca Pastor

13 La historia de la eugenesia y el neomaltusianismo durante la década de los años treinta

14 La historia de la Iglesia católica durante la década de los años treinta

www.ingramcontent.com/pod-product-compliance
Lightning Source LLC
Chambersburg PA
CBHW030312060726
47498CB00002BB/592